T0224957

Case-based Evidence –
Grundlagen und Anwendung

Lizenz zum Wissen.

Sichern Sie sich umfassendes Technikwissen mit Sofortzugriff auf tausende Fachbücher und Fachzeitschriften aus den Bereichen: Automobiltechnik, Maschinenbau, Energie + Umwelt, E-Technik, Informatik + IT und Bauwesen.

Exklusiv für Leser von Springer-Fachbüchern: Testen Sie Springer für Professionals 30 Tage unverbindlich. Nutzen Sie dazu im Bestellverlauf Ihren persönlichen Aktionscode C0005406 auf *www.springerprofessional.de/buchaktion/*

Jetzt 30 Tage testen!

Springer für Professionals.
Digitale Fachbibliothek. Themen-Scout. Knowledge-Manager.

- Zugriff auf tausende von Fachbüchern und Fachzeitschriften
- Selektion, Komprimierung und Verknüpfung relevanter Themen durch Fachredaktionen
- Tools zur persönlichen Wissensorganisation und Vernetzung

www.entschieden-intelligenter.de

Springer für Professionals

 Springer

Meike Schumacher • Georg Rainer Hofmann

Case-based Evidence – Grundlagen und Anwendung

Prognose und Verbesserung der Akzeptanz von Produkten und Projekten

Springer Vieweg

Meike Schumacher
Hochschule Aschaffenburg
Aschaffenburg, Deutschland

Georg Rainer Hofmann
Hochschule Aschaffenburg
Aschaffenburg, Deutschland

ISBN 978-3-658-10612-6   ISBN 978-3-658-10613-3 (eBook)
DOI 10.1007/978-3-658-10613-3

Die Deutsche Nationalbibliothek verzeichnet diese Publikation in der Deutschen Nationalbibliografie;
detaillierte bibliografische Daten sind im Internet über http://dnb.d-nb.de abrufbar.

Springer Vieweg
© Springer Fachmedien Wiesbaden 2016
Das Werk einschließlich aller seiner Teile ist urheberrechtlich geschützt. Jede Verwertung, die nicht
ausdrücklich vom Urheberrechtsgesetz zugelassen ist, bedarf der vorherigen Zustimmung des Verlags. Das
gilt insbesondere für Vervielfältigungen, Bearbeitungen, Übersetzungen, Mikroverfilmungen und die Ein-
speicherung und Verarbeitung in elektronischen Systemen.
Die Wiedergabe von Gebrauchsnamen, Handelsnamen, Warenbezeichnungen usw. in diesem Werk berechtigt
auch ohne besondere Kennzeichnung nicht zu der Annahme, dass solche Namen im Sinne der Warenzeichen-
und Markenschutz-Gesetzgebung als frei zu betrachten wären und daher von jedermann benutzt werden dürften.
Der Verlag, die Autoren und die Herausgeber gehen davon aus, dass die Angaben und Informationen in diesem
Werk zum Zeitpunkt der Veröffentlichung vollständig und korrekt sind. Weder der Verlag, noch die Autoren
oder die Herausgeber übernehmen, ausdrücklich oder implizit, Gewähr für den Inhalt des Werkes, etwaige Fehler
oder Äußerungen.

Gedruckt auf säurefreiem und chlorfrei gebleichtem Papier

Springer Vieweg ist Teil von Springer Nature
Die eingetragene Gesellschaft ist Springer Fachmedien Wiesbaden GmbH

Geleitwort

Liebe Leserinnen und Leser,

es steht außer Frage, dass die zukünftige Wettbewerbsfähigkeit deutscher und europäischer Unternehmen beeinflusst wird von dem Adaptionsgrad und der Adaptionsgeschwindigkeit von Cloud Services und cloudbasierten Innovationen. Nicht verwunderlich also, dass EuroCloud, als Netzwerk nationaler europäischer EuroCloud-Verbände, der Akzeptanz von Cloud Computing eine hohe Bedeutung zumisst.

So wurde im Sommer 2012 durch EuroCloud Deutschland in Zusammenarbeit mit dem Information Management Institut (IMI) der Hochschule Aschaffenburg die Kompetenzgruppe „Cloud Akzeptanz" ins Leben gerufen. Zu dieser Zeit befasste sich das IMI schon seit mehreren Jahren mit den verschiedenen Formen und Bedingungen der Akzeptanz von technischen Systemen und Verfahren durch diverse involvierte Personen und soziale Gruppen. Die so entstandene IMI-Studie mit Analysen zu Cloud Computing erschloss eine Vielzahl neuer Erkenntnisse aus zum Teil ganz neuem Blickwinkel und lieferte eine ganze Reihe von Impulsen zur Cloud-Akzeptanz. In ihrer englischsprachigen Übersetzung wurde sie den mehr als 20 europäischen EuroCloud-Organisationen zugänglich gemacht.

Die Studie erlaubte EuroCloud, die bisherige Einschätzung von akzeptanzfördernden Faktoren neu zu gewichten und zu priorisieren. Insofern kann die Kooperation mit dem IMI für EuroCloud und ihre Mitgliedsunternehmen als sehr inspirierend und hilfreich gewertet werden.

Der Erkenntnisgewinn der seinerzeit vorgelegten IMI-Studie basierte auf relevanten Beispielen (Case-based Evidences), aus denen angemessene Rückschlüsse abgeleitet werden konnten. Insbesondere wurde deutlich, dass neben allen technischen und rationalen Parametern das Vertrauen in Cloud Computing und die Zuverlässigkeit der Cloud Provider eine eminent wichtige Funktion einnehmen. Zudem lieferte die Studie Anregungen, wie die beschriebenen funktionalen Mechanismen und vertrauensbildenden Maßnahmen auf das Thema Cloud Computing übertragen werden können.

Die Autoren der Studie, gleichzeitig die Autoren des hier vorgelegten Buches, ernteten sowohl in Deutschland als auch auf europäischer Ebene breite Anerkennung ihrer Arbeit;

die vorgelegten Studienergebnisse waren in hohem Maße eingängig, nachvollziehbar und überzeugend, sodass sie in Folge auf einer Reihe nationaler und europäischer Veranstaltungen einem breiten Auditorium zugänglich gemacht wurden. Eine zweite, überarbeitete und erweiterte Auflage wurde im Sommer 2013 vorgestellt.

Bei aller technischer Affinität ist nicht außer Acht zu lassen, dass Technik und Innovation von und für Menschen gemacht wird. Wenn diese Innovationen samt ihrer tangierenden Konzepte dazu führen, dass damit für die Nutzer signifikante Veränderungen ihres täglichen Arbeitsumfeldes und ihres sozialen Kontextes verbunden sind, so ist viel Überzeugungsarbeit zu leisten. Akzeptanz und alle damit verbundenen Maßnahmen zur Akzeptanzförderung bilden somit den Schlüssel für innovativen Fortschritt.

Wir möchten nicht versäumen, Frau Schumacher und Herrn Hofmann für die nunmehr erfolgte editorische Aufbereitung ihrer Arbeit, ihrer methodischen Ansätze und einiger so erzielten praktischen Ergebnisse herzlich zu danken.

Allen Leserinnen und Lesern wünsche ich eine nutzbringende Lektüre.

Luxembourg, en octobre ici 2015   Bernd Becker, Président Européenne
                                                                           EuroCloud Europe a.s.b.l.

Vorwort

Nach einigen Jahren der Beschäftigung mit der Thematik *„pragmatische Methoden zur Ermittlung von Akzeptanz von Systemen und Verfahren"* wurde sehr deutlich, dass dieser Problemkreis – vor allem für Volkswirtschaften wie Deutschland und seine europäischen Nachbarn – immer wichtiger wird. Die Innovationskraft der mitteleuropäischen Region hält jedem globalen Vergleich stand. Betrachtet man Deutschland in Relation zu seinen Nachbarn, so kann es pro Kopf mehr als doppelt so viele Patente aufweisen wie Frankreich, viermal so viele wie Italien, fünfmal so viele wie Großbritannien und 18 Mal so viele wie Spanien. In Europa liegen lediglich die Schweiz und Schweden in den Pro-Kopf-Patentzahlen noch vor Deutschland [1].

Dieser Innovationskurs Deutschlands im europäischen Kontext wird auch von der Bundesregierung forciert und mit einer ganzen Reihe von Forschungs- und Wissenstransferprogrammen gefördert. In Deutschland sollen die Ausgaben für Forschung und Entwicklung weiter erhöht werden [2].

Ausgaben für die Forschung und Entwicklung innovativer Produkte und Dienstleistungen bringen jedoch nur dann den erwünschten wirtschaftlichen Erfolg, wenn sie auch auf aktive Akzeptanz stoßen – und erworben und eingesetzt werden. Noch unabdingbarer ist die passive Akzeptanz, also das Fehlen von oppositionellen Haltungen zu einer Innovation. Umso wichtiger ist es, möglichst frühzeitig Akzeptanzen einer Innovation einzuschätzen, um auf dieser Basis auf die sich bildenden Meinungen und Einstellungen gegebenenfalls aktiven Einfluss nehmen zu können.

Die Verfasser sind davon überzeugt, dass die Methode Case-based Evidence für das Abschätzen von Akzeptanz ein gutes – weil sehr brauchbares – Werkzeug darstellt. Insbesondere bringt Case-based Evidence auch dann (noch) brauchbare Ergebnisse, wenn die klassischen empirischen Erhebungen auf Umfragebasis versagen. Im Prozess der Etablierung innovativer Produkte oder Dienstleistungen auf dem Markt kann mit Erkenntnissen aus der Case-based Evidence sowohl bei Akzeptanzproblemen reagiert, als auch proaktiv im Vorfeld die prospektive Akzeptanz und deren Einflussfaktoren prognostiziert werden. Wie die bisherigen Arbeiten gezeigt haben, lassen sich durchaus

Schlüsse über Verhaltensweisen von Menschen aus der Case-based Evidence und der Analyse analoger, strukturähnlicher Situationen ziehen.

Die vorliegende Dokumentation der unter dem Begriff „Case-based Evidence" bekannt gewordenen Methode wurde aufgrund des vielfach gegenüber den Autoren geäußerten Wunsches nach einer Beschreibung dieser Vorgehensweise erstellt. Die Methode hat sich beim Erstellen dieser „Anleitung" stetig weiterentwickelt und wird sich auch vermutlich mit weiteren Anwendungsfällen und daraus gewonnenen Erkenntnissen weiter verfeinern.

Danken möchten die Autoren an dieser Stelle dem Verband EuroCloud Deutschland_eco e. V. und hier insbesondere dem Geschäftsführer Andreas Weiss sowie Bernd Becker, Präsident von EuroCloud Europe, dafür, dass sie sich – im Jahr 2012 – auf das damalige „Experiment Case-based Evidence" zur Untersuchung der Akzeptanz von Cloud Computing eingelassen haben. Durch die konstruktive Zusammenarbeit und das Feedback der eigens eingerichteten „Kompetenzgruppe Cloud Akzeptanz", die sich aus Vertretern der Cloud-Anbieter-Branche zusammensetzt, konnte die erste größere Case-based Evidence-Studie entstehen und so der Grundstein für die weitere Entwicklung der Methode gelegt werden.

Aschaffenburg, im Januar 2016   Meike Schumacher
                                                                                      Georg Rainer Hofmann

Literatur

1. Simon H (2012): Deutschlands Stärke hat 13 Gründe. Online abrufbar auf der Internetpräsenz der F.A.Z unter: http://www.faz.net/aktuell/wirtschaft/unternehmen/erfolgsgeheimnisse-deutschlands-staerke-hat-13-gruende-11925735-p2.html, abgerufen am 09.10.2015.
2. Europäische Kommission (2015): Europa 2020 in Deutschland. Online abrufbar unter http://ec.europa.eu/europe2020/europe-2020-in-your-country/deutschland/progress-towards-2020-targets/index_de.htm. Abgerufen am 14.10.2015.

Inhaltsverzeichnis

Abbildungsverzeichnis

Entstehung und Motivation der Case-based Evidence

1

Zusammenfassung

Die Methode Case-based Evidence entstand aus der Motivation, einen Weg zu finden, um mit überschaubarem Aufwand die Akzeptanz von Produkten, Dienstleistungen und Projekten einzuschätzen und verbessern zu können. Was zunächst als Aufgabenstellung in einem ESF-geförderten Projekt, speziell für kleine und mittelständische Unternehmen begann, entwickelte sich schnell zu einem neu formulierten Lösungsansatz für Akzeptanzfragen, unabhängig von der Unternehmens- oder Organisationsgröße. Die entstandene Methode Case-based Evidence kombiniert Aspekte der analytischen Akzeptanzforschung mit Elementen der qualitativen Marktforschung.

Die Frage nach der Akzeptanz von Produkten, Waren, Vorrichtungen, Verfahren, Prozessen und Projekten durch Anwender, Nutzer oder sonstige involvierte Personen und Personengruppen ist für den wirtschaftlichen, politischen oder kulturellen Erfolg von zentraler Bedeutung.

Im Bereich der Wirtschaftswissenschaften und der Soziologie hat sich deshalb seit einigen Jahren eine „Akzeptanzforschung" fest etabliert. Auch im Wirtschaftsingenieurwesen und der Wirtschaftsinformatik ist „Akzeptanz" von zentraler Bedeutung, wenn es darum geht, die Akzeptanz speziell von technologischen Innovationen zu ermitteln – oder zu verbessern.

© Springer Fachmedien Wiesbaden 2016

M. Schumacher, G.R. Hofmann, *Case-based Evidence – Grundlagen und Anwendung*, DOI 10.1007/978-3-658-10613-3_1

1.1   Zur Ontogenese der Case-based Evidence

Die vorliegende Arbeit zur Case-based Evidence ist in ihrem Kern zurückzuführen auf eine Reihe seit dem Jahr 2009 an der Hochschule in Aschaffenburg durchgeführter Wissenstransferprojekte.[1] Eines der jeweils wesentlichen Projektziele war es, kleinen und mittelständischen Unternehmen (KMU) Methoden zur Ermittlung der Akzeptanz von „Systemen" zu vermitteln. Viele der akademisch etablierten Methoden, dazu sind auch empirische repräsentative Studien und Delphi-Untersuchungen zu zählen, kommen für KMU schon aus Aufwandsgründen, insbesondere aus finanziellen Gründen, kaum in Betracht. Es wurde also nach einer Methode verlangt, mit der mit einem vertretbarem finanziellen, personellen und zeitlichen Aufwand die Akzeptanz (innovativer) Produkte, Waren, Verfahren und Vorhaben schon möglichst frühzeitig möglichst realistisch eingeschätzt werden kann. Es wurde zudem ein Weg gesucht, bestehenden Akzeptanz-problemen pragmatisch, aber fundiert „auf den Grund gehen" zu können.

Im Verlauf der Projekte zeigten sich die Heranziehung und die Betrachtung von Analogien immer wieder als geeignete Mittel um

– zum einen – ex-post – bestehende Akzeptanzphänomene und Akzeptanzprobleme einzuschätzen beziehungsweise zu erklären, und
– zum anderen – ex-ante – neue Erkenntnisse und Perspektiven für ein geeignetes künftiges Vorgehen bei einer wünschenswerten Verbesserung von Akzeptanz auf-zuzeigen.

Dass zum Verstehen neuer, bislang unbekannter Probleme und Fragestellungen zunächst nach Vergleichbarem und Bekanntem aus dem verfügbaren Wissens- und Erfah-rungsschatz gesucht wird, ist ein typisch menschliches Vorgehen. Ebenso wird es häufig als hilfreich angesehen, zum Erklären eines solchen Sachverhaltes Parallelen zu bereits Bekanntem aufzuzeigen.

Sollen Analogien jedoch für die – seröse und belastbare – Einschätzung der pros-pektiven Akzeptanz neuer Produkte und Dienstleistungen verwendet werden, wird der Horizont der eigenen erlebten Erfahrungen und Kenntnisse in aller Regel verlassen.

Die Entwicklung der Methode Case-based Evidence begegnet der Schwierigkeit, eben diese „tragfähigen und aussagekräftigen" Analogien zu finden [1, 2] und die dort identifi-zierbaren Akzeptanzschemata auf das aktuelle Problem (etwa Marktakzeptanz eines innovativen IT-Systems) zu übertragen.

Die zentralen Leitfragen stellten sich wie folgt: Inwieweit lässt sich das Finden von geeigneten Analogien und insbesondere das Übertragen von Kenntnissen über einen Fall

---

[1] Die Projekte „KontAkS", „mainproject", „mainproject 2018" wurden vom Europäischen Sozial-fonds (ESF) in Bayern über die Bayerische Staatsregierung jeweils ko-/finanziert.

auf einen anderen Fall systematisieren, um daraus eine auf akademischem Niveau verwendbare Methode zu formen?

Können Analogien entscheidende Hinweise bei Akzeptanzproblemen liefern, wie diese, durch das Lernen aus anderen Fällen, ausgeräumt werden können?

Lässt sich das Nutzen von Analogien so weit formalisieren, dass hierdurch eine Prognose der Akzeptanz von Systemen möglich wird?

Die erste umfassende Anwendung der Case-based Evidence im Rahmen einer Studie, die im Rahmen einer von EuroCloud Deutschland [3] aufgeworfenen Fragestellung zur Akzeptanz von Cloud Computing durchgeführt wurde, ging in den Wissenstransfer des ESF-Projektes KontAkS ein. Diese Studie erlangte eine – für die Verfasser doch überraschende – überregionale, gar internationale, Aufmerksamkeit. Diese positive Resonanz war der Antrieb, die Methode weiterzuentwickeln und sie für interessierte Anwender zu beschreiben und weiter zu dokumentieren.

1.2 Zur methodischen Einordnung der Case-based Evidence

Bei der Frage nach der Akzeptanz von Produkten, Prozessen und Projekten durch eine definierte Gruppe von Anwendern, Nutzern oder sonstigen involvierten Personen kann man zwei prinzipiell verschiedene Lösungsansätze unterscheiden: Die Anwendung von Methoden der analytischen Akzeptanzforschung und die Durchführung empirischer Marktforschung [4].

Die im Rahmen dieser Arbeit vorgestellte Methode „Case-based Evidence" ist, vereinfacht ausgedrückt, die Erzielung belastbarer Aussagen und Prognosen zur Akzeptanz, unter Nutzung von analytisch gefundenen Analogien, gekoppelt mit evaluierenden empirischen Experteninterviews (Abb. 1.1).

Die vielfachen Versuche, ein mehr oder weniger allgemeingültiges Modell für die generelle „Akzeptanz von Systemen" aufzustellen, sind zum Teil recht populär: Als prominente Vertreter können das Modell der „Theory of planned behaviour" (TPB) [5], die „Theory of Reasoned Action" (TRA oder TORA) [6] und das – in seiner ersten Fassung – daraus abgeleitete „Technology Acceptance Model" (TAM) [7] angesehen werden, welches zu den Input-Modellen zählt. Das bewährte TAM ist – auch im deutschsprachigen Raum – zu einem weit verbreiteten Instrument zur Untersuchung von Technologienutzung geworden, nicht zuletzt wegen seiner Verständlichkeit und hohen Zuverlässigkeit [8].

Akzeptanzmodelle haben in erster Linie das Ziel, Faktoren, die Einfluss auf die Akzeptanz nehmen, zu benennen, Phasen oder Mechanismen zu strukturieren und ihren Zusammenhang darzustellen. Es existiert in der Literatur eine große Anzahl von Akzeptanzmodellen, die jeweils einen bestimmten Schwerpunkt haben. Einen großen Anteil nehmen dabei die Modelle zur Erklärung der Technikakzeptanz ein, wozu auch das zuvor genannte TAM-Modell zählt [9].

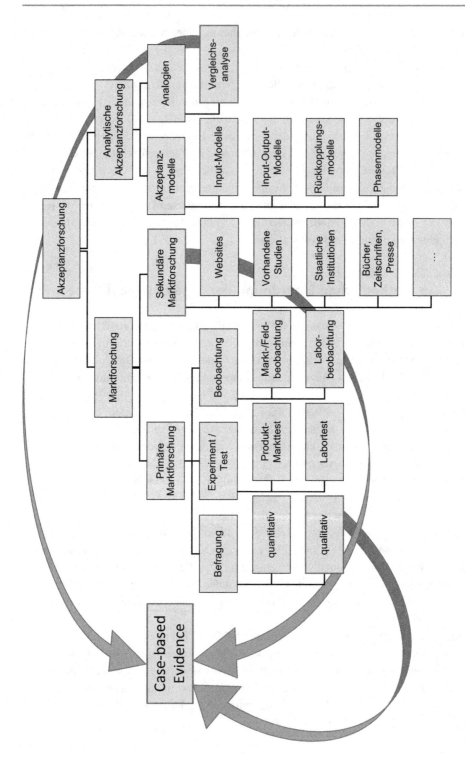

Abb. 1.1 Einordnung der Methode Case-based Evidence in die Methoden der Akzeptanzforschung

Für die Anwendung von analytischen Akzeptanzmodellen müssen die in den Modellen erforderlichen Parameter und Größen bekannt sein. Dies ist jedoch bei neuen Produkten, geplanten Projekten oder Prozessen nicht unbedingt im erforderlichen Maß der Fall.

In einschlägigen Akzeptanzermittlungsprojekten setzt man von daher – quasi notgedrungen wegen der Unkenntnis der Systemparameter – für eine Prognose der Akzeptanz vor allem auf empirische repräsentative Studien – häufig mit dem Ziel, von einer aktuellen Auskunft der Befragten auf einen künftigen Zustand der Akzeptanz zu schließen.

Die empirischen repräsentativen Studien zur Akzeptanz benötigen in der Regel

(a) eine *definierte Anzahl von Personen*, die als Elemente sowohl einer Auswahlmenge (der repräsentativen Stichprobe) als auch als Elemente der Grundgesamtheit hinreichend qualifiziert sind, und

(b) die *bereit und(!) in der Lage* sind, zum Thema und Gegenstand der Befragung kompetent, sowie

(c) zu einer bestimmten Fragestellung, die den Befragten hinreichend verständlich sein muss, entsprechende Auskunft zu geben.

Speziell der Punkt (b.) erweist sich oft als kritisch, weil die sogenannte „Expertenvermutung" in die Irre führt. Diese Art der Studien zur Akzeptanz sind naturgemäß entsprechend kostspielig – und kommt darum für KMU in vielen Fällen kaum in Betracht.

Hintergrund
Die „Expertenvermutung" beschreibt das – paradoxe – Phänomen, dass sich die Kompetenz einer befragten Person zum Befragungsgegenstand erst im Rahmen dieser Befragung ermitteln lässt. Zum Teil findet die Expertenvermutung eine evidente Auflösung, etwa wenn Fragen wie „Schmeckt Ihnen dieses neue Erfrischungsgetränk?" adressiert werden. Andere Befragungsgegenstände – wie das vordem erwähnte Cloud Computing als Befragungsgegenstand – erscheinen weniger trivial: Es muss im Rahmen der Befragung erst ermittelt werden, ob die befragte Person hinreichend qualifiziert ist [10].

Literatur

1. Gottschalk-Mazouz N (2008): Risiko, Akzeptanz und Akzeptabilität. Was die Nanotechnologie von der Gentechnologie lernen kann, in: Koslowski P und Hubig C (Hrsg.), Maschinen, die unsere Brüder werden. Mensch-Maschine-Interaktion in hybriden Systemen, Wilhelm Fink.
2. Kalogerakis K (2010): Innovative Analogien in der Praxis der Produktentwicklung. Gabler, Wiesbaden.
3. Hofmann G R, Schumacher M (2013) Leitfaden Cloud Computing – Studie zur Akzeptanz. EuroCloud Deutschland_eco e. V. und EuroCloud Österreich, Köln, Wien.
4. Thommen J-P, Achleitner A-K (2012): Allgemeine Betriebswirtschaftslehre: Umfassende Einführung aus managementorientierter Sicht. 7., vollständig überarbeitete Auflage. Gabler Verlag; Wiesbaden.

5. Ajzen I (1991): Organizational Behaviour and Human Decision Processes. Sciencedirect (Volume 50, Issue 2). Abgerufen am 29. September 2015 von http://www.sciencedirect.com/science/article/pii/074959789190020T

6. Ajzen I; Fishbein M: Understanding attitudes and predicting social behavior. Englewood Cliffs, NJ: Prentice-Hall, 1980.

7. Davis F D, Bagozzi R P, Warshaw P R.: User acceptance of computer technology: A comparison of two theoretical models. Management Science 35: 982–1003, 1989.

8. King WR., He J (2006): A meta-analysis of the technology acceptance model. Journal „Information and Management" Volume 43 Issue 6, Pages 740–755, Elsevier Science Publishers B. V., Amsterdam.

9. Schäfer M, Keppler D (2013): Modelle der technikorientierten Akzeptanzforschung – Überblick und Reflexion am Beispiel eines Forschungsprojekts zur Implementierung innovativer technischer Energieeffizienz-Maßnahmen. Diskussion Paper, Technische Universität Berlin. Online abrufbar unter: https://www.tu-berlin.de/fileadmin/f27/PDFs/Discussion_Papers/Akzeptanzpaper__end.pdf. Abgerufen am 19.10.2015.

10. Bredl K, Lehner F, Gruber H, Strasser J (2002): Kompetenzerwerb von Consultants in der Unternehmensberatung. In: Hofmann G R, Alm W (Hrsg.): Management der Mitarbeiter-Expertise in IT-Beratungsbetrieben MKWI 2002. Aschaffenburg.

Begriffe und Strukturen der Case-based Evidence

Zusammenfassung

Zum besseren Verständnis der methodischen Vorgehensweise werden in diesem Kapitel die wichtigsten Begriffe erläutert. Der Fokus liegt auf dem Begriff der Analogie. Es wird insbesondere dargestellt, welche Bedeutung diese Form des schlussfolgernden Denkens für den Erkenntnis- und Lernprozess hat, wodurch zwei Systeme als „ähnlich" wahrgenommen werden und welche Arten von Analogien unterschieden werden können. Die im Rahmen der Anwendung der Case-based Evidence gefundenen synoptischen Modelle können als Theorien mittlerer Reichweite eingeordnet werden.

Für eine nachvollziehbare Fundamentierung der Dokumentation der Case-based Evidence sind einige der zur Anwendung kommenden Begriffe und Strukturen von der Basis herzuleiten. Dies dient nicht zuletzt auch einer konzeptionellen und – wenn man so will – wissenschaftstheoretischen Einordnung der Case-based Evidence.

2.1 Der „Fall"

Vom Begriff her rekurriert die Case-based Evidence – als „Fall-basierte Offensichtlichkeit"[1] – auf den Terminus „Fall". Im Rahmen der Case-based Evidence werden „ähnliche Fälle" zu Vergleichen mit dem aktuellen „Problem-Fall" herangezogen. Was aber ist „der Fall"? WITTGENSTEINS wohlbekanntes Dictum „Die Welt ist alles, was der Fall ist" führt in

---

[1] Andere Eindeutschungen könnten etwa „Fall-basierter Hinweis" oder „Fall-basierter Nachweis" und dergleichen sein. Die Vokabel „Offensichtlichkeit" nimmt Bezug auf den Umstand, dass die im Rahmen der Case-based Evidence gefundenen Ergebnisse oft als kollektiv-subjektiv „alternativlos" – weil offensichtlich – empfunden werden.

© Springer Fachmedien Wiesbaden 2016

M. Schumacher, G.R. Hofmann, *Case-based Evidence – Grundlagen und Anwendung*,
DOI 10.1007/978-3-658-10613-3_2

der Tat hier weiter, wenn man in der Umkehrung schließt, dass die „Gesamtheit der Fälle" eben „die Welt" ausmacht.

Mathematisch gesprochen kann man sich die Welt nicht zuletzt aus Mengen zusammengesetzt („Menge von Mengen") denken, die wiederum wohlunterscheidbare Elemente beinhalten. Diese Elemente sind nun nicht ohne Wirkungsbeziehungen zu anderen Elementen. Wenn aber die Elemente einer Menge in einer Wirkungsrelation zueinander stehen, dann stellen diese Elemente die sogenannten „Komponenten" einer sogenannten Gesamtheit „System" da. Ein „Fall" kann mithin – im Rahmen dieser Arbeit – als ein „System, mit System-Komponenten die in einer Wirkungsrelation stehen" verstanden werden.[2]

Nach Maßgabe der klassischen Cantorschen Mengenlehre müssen die Elemente einer Menge „unterscheidbar" sein; dies gilt somit für die Komponenten eines Systems gleichermaßen. Diese Unterscheidbarkeit ist an die „Eigenschaften" oder „Merkmale" der System-Komponenten geknüpft. Was nun ein „Merkmal" ist, ist Gegenstand fundamentaler und nicht-trivialer Betrachtungen in der philosophischen Erkenntnistheorie. Ob ein Merkmal von einem erkennenden (humanen) Subjekt tatsächlich als ein Merkmal wahrgenommen wird, oder wenigstens wahrgenommen werden könnte (prinzipielle Möglichkeit der Erkenntnis oder der Wahrnehmung), hängt nicht zuletzt an unmittelbar physikalisch-physiologischen Grundvoraussetzungen.

Beispiel

Als ein illustratives Beispiel wäre anzuführen, dass professionelle Verkoster von Nahrungsmitteln über ein erweitertes Spektrum von erkennbaren Merkmalen und damit Unterscheidungsmöglichkeiten von Nahrungsmittelproben verfügen als dies bei „Normalverbrauchern" der Fall ist. Die Entscheidung, ob es sich zum Beispiel bei zwei vorgelegten Kaffeeproben um den gleichen „Fall" handelt, hängt von der Physis und den sensorischen Fähigkeiten der diesen Umstand beteiligten Subjekte ab.

2.2   Die „Analogie"

Der Begriff „Analogie" stammt aus dem Griechischen und bedeutet „Entsprechung, Ähnlichkeit, Gleichheit von Verhältnissen" [1].

---

[2] Ein „Fall" als System verstanden ist selbstredend eine Menge, welche durch Vereinigung mit einer anderen Menge eine neue Menge, die „Vereinigungsmenge", bilden kann. Insofern ist die Abgrenzung eines „Falls" eine definitorische, gar willkürliche, vergleichbar der Abgrenzung einer Menge. Mehrere „Unterfälle" können zu einem neuen Fall vereinigt werden. Wendet man dieses Prinzip induktiv auf alle(!) Fälle der Welt an, so gelangt man zu der Abwandlung „Die Welt ist *ein* Fall – Die Welt ist *ein* System" der bekannten Wittgensteinschen Erkenntnis.

▶ **Definition** Eine Analogie (gr.: ἀναλογία, [quantitatives] Verhältnis, Proportion) ist eine Übereinstimmung von – ansonsten durchaus verschiedenen – Systemkomponenten nach Maßgabe einer oder einer Reihe ihrer Merkmale oder Eigenschaften.

Der Analogiebegriff hat in verschiedenen wissenschaftlichen Disziplinen eine zum Teil jeweils spezifische Bedeutung: In der Biologie wird von einer Analogie gesprochen, wenn verschiedene Organismen Ähnlichkeiten im Aussehen oder in Verhaltensweisen aufweisen, die unabhängig voneinander durch gleiche Anforderungen des Lebensraums oder der Funktion entstanden sind [2]. In den Sprachwissenschaften ist mit Analogien die Bildung neuer Worte nach einem bereits vorhandenen Muster gemeint [3]. In der Rechtswissenschaft ist unter einer Analogie die Anwendung einer Rechtsnorm mit anderen Tatbestandsvoraussetzungen auf einen ähnlichen, ungeregelten Tatbestand zu verstehen [4].

Analogien finden neben den genannten Bereichen auch noch in zahlreichen weiteren Kontexten ihre Anwendung. Ihr größter Nutzen liegt sicher in der Erklärung von Zusammenhängen bei beobachteten Phänomenen, der Prognose einer zukünftigen Entwicklung oder zukünftigen Verhaltens und damit auch der Verbesserung von Produkten, Verfahren und Projekten – wie dies bei der Case-based Evidence der Fall ist.

2.2.1   Einordnung der Analogie in das schlussfolgernde Denken

Das schlussfolgernde Denken leitet aus gegebenen Informationen neue Erkenntnisse ab, wobei diese Ableitung induktiv (vom Besonderen auf das Allgemeine) oder deduktiv (vom Allgemeinen auf das Besondere) erfolgen kann [5].

Das deduktive Schließen (Deduktion)
Beim deduktiven Schließen, das auch als „logisches Schließen" bezeichnet wird, wird von der allgemeinen Erkenntnislage (der „Theorie") auf die Merkmale eines besonderen Falles geschlossen. Durch die Verfügbarkeit einer logischen Regel und einer gegebenen Bedingung kann eine *deduktive* Schlussfolgerung auf die „logische Konsequenz" erfolgen. Es ist etwa trivialerweise möglich, aus der Kombination von mindestens zwei wahren Aussagen wahre „zwingende" deduktive Schlüsse zu ziehen [6].

Beispiel

Ein einfaches Beispiel für deduktives Schließen wäre:

Aussage 1: Alle legalen Autofahrer besitzen einen Führerschein.
Aussage 2: Klaus ist ein legaler Autofahrer.
Schlussfolgerung: Also besitzt Klaus einen Führerschein.

Beispiel

Ein Beispiel aus der Physik für deduktives Schließen wäre:

Aussage 1: Der im freien Fall zurückgelegte Weg s eines massereichen Körpers auf der Erde ist nach Maßgabe der vergangenen Zeit t ungefähr als $s = \frac{1}{2}\, g\, t^2$ bemessen.
Aussage 2: Ein Stein fiel nach Loslassen 2,5 Sekunden lang in die Tiefe.
Schlussfolgerung: Also hat der Stein eine Fallstrecke von etwas mehr als 30 Meter zurückgelegt.

Bei dieser Form des Schließens werden insofern keine neuen Erkenntnisse gewonnen, als sich die vorgegebene allgemeine Theorie während des Schlussvorgangs nicht ändert.

Das induktive Schließen (Induktion)
Die Induktion stellt das Komplement zur Deduktion dar, indem von besonderen Fällen auf das allgemeine Prinzip geschlossen wird. Es findet also aus einer Serie empirisch beobachteter oder gemessener Phänomene („Fälle") eine Verallgemeinerung in Form einer – möglichst allgemeingültigen – Theorie statt.

Zur Beurteilung technischer und ökonomischer Systeme sind Induktionsschlüsse aus beobachteten Phänomenen auf eine allgemeinere Erkenntnis (der dann „wissenschaftlichen Theorie") weit verbreitet. Aus der „Theorie" wird wiederum deduktiv (prädiktiv) auf neue oder künftige Phänomene geschlossen.

Wie Induktionsschlüsse und Deduktion genau zu gestalten sind, ist Gegenstand zum Teil kontroverser („wissenschaftstheoretischer") Diskussion. Die antike und klassische Philosophie hat in der Tradition von ARISTOTELES die Induktion als die wissenschaftliche Methode der Erkenntnis schlechthin verstanden; aus einer Reihe von sorgfältig ermittelten experimentellen Ergebnissen wird die dann allgemein gültige wissenschaftliche Theorie abgeleitet.

Der von POPPER maßgeblich geprägte Kritische Rationalismus des ausgehenden letzten Jahrhunderts hingegen lehnt die Induktion als eine reine Illusion ab, die allenfalls vorläufig gültige, jederzeit durch neue experimentelle Ergebnisse „falsifizierbare" Erkenntnisse widerspiegelt. Damit bestreitet der Kritische Rationalismus die Möglichkeit eines unendlich gültigen Erkenntnishorizonts (siehe untenstehend die Ausführungen zu den „Grand Theories") und des echt „objektiven" Erkenntnisfortschritts, ganz im Gegensatz zu der sich immer weiter entwickelnden „objektiv fortschreitenden Erkenntnis" der HEGELSCHEN Dialektik.

Es ist nicht trivial, eine Aussage auf der Basis eines Induktionsschlusses zu formulieren. Eine aktuelle Theorie zu einer „wissenschaftlich korrekten" Induktion in den

Ingenieurdisziplinen ist die sogenannte „gestaltungsorientierte Forschung" – *design science research* [7].

Das analoge Schließen (Analogieschluss)

Als eine weitere Form des schlussfolgernden Denkens soll hier das analoge Schließen etwas detaillierter betrachtet werden. Der zur Debatte stehende Analogieschluss kann auch als eine Sonderform des induktiven Schließens verstanden werden. Als wesentlicher Unterschied zum Induktionsschluss fehlt aber in der Regel die explizit ausformulierte „wissenschaftliche" Theorie. Die Herleitung einer speziellen Erkenntnis folgt also direkt den empirischen Befunden, schon im Ansatz einer Induktion, unter Umgehung einer Theorie.

Beispiel

Ein Beispiel für einen alltäglichen Analogieschluss:

Ein Schulkind lernt Fahrradfahren durch sorgfältiges Beobachten von Alterskameraden, die dies bereits beherrschen – die wesentlichen und richtigen Bewegungsschemata werden „einfach" nachgeahmt. Das Schulkind hat weder ein Interesse noch eine Chance, die mechanischen Prinzipien des Fahrradfahrens (Kreiseltheorie etc.) explizit auszuformulieren.

Beispiel

Ein Beispiel für Analogieschlüsse in der akademischen Lehre:

In einigen Bereichen der Ausbildung der Darstellenden Künste ist es Aufgabe des Lehrers – etwa an einer Musikhochschule im Unterricht an einem Musikinstrument –, die Ausführung eines Stücks der Klasse der Musikstudierenden explizit und physisch vorzuführen.

Die verfügbaren Lehrmaterialien bieten keine geschlossene Theorie, diese liegt nicht explizit ausformuliert vor. Mehr oder minder ahmen die Musikstudierenden den Lehrer nach.

Beim Analogieschluss wird von der Übereinstimmung und Ähnlichkeit in einigen Merkmalen eines Falles auf eine Entsprechung auch in anderen Merkmalen des Systems, oder die generelle Gleichheit von Verhältnissen geschlossen. Da diese „Gleichheit von Verhältnissen" nur vermutet werden kann, wird dem Analogieschluss oftmals eine geringere Verlässlichkeit zugesprochen, allerdings spielen Analogien, wie im nächsten Abschnitt erläutert wird, im menschlichen Erkenntnis- und Lernprozess eine ganz entscheidende Rolle; Analogieschlüsse sind als „Nachahmung" in den menschlichen Lernprozessen nicht zu unterschätzen.

Wie die Zuverlässigkeit und Belastbarkeit der Analogieschlüsse beurteilt und eventuell weiter erhöht werden kann, ist einer der Gegenstände der Case-based Evidence.

2.2.2 Bedeutung von Analogieschlüssen für den psychischen Erkenntnis- und Lernprozess

In neuen, unbekannten Situationen nach Vergleichbarem, Bekannten – eben nach Analogien – zu suchen und sich daran zu orientieren, ist ein unmittelbarer natürlicher menschlicher Reflex und quasi ein angeborenes Vorgehen: Bereits Kleinkinder können erfolgreich Kenntnisse von einer Situation auf eine andere übertragen [8] – es ist eine grundlegende Funktion des menschlichen Denkens!

Hierzu werden Wahrnehmungen aller Sinne in Kategorien eingeteilt. Eine Kategorie ist damit gleichbedeutend mit dem „Begriff" von etwas. Die Kategorie oder der Begriff „Auto" beinhaltet demnach nicht ein einziges und bestimmtes Auto, sondern ist der modellhafte und abstrakte Oberbegriff für alle Autos, die man kennen kann.

Bereits in der Entwicklung des *kindlichen Gehirns* beginnt die Kategorienbildung. Sie beginnt zunächst mit Fällen („Begriffen"), die nur eine Instanziierung haben, also Personen, Dinge und Situationen, mit denen ein Kleinkind zum ersten Mal in Kontakt kommt. Diese sind mit Eigenschaften verknüpft, wie zum Beispiel:

- Mama: Frau, die Zuwendung spendet
- Hund (oder Wauwau): ein Wesen mit vier Beinen
- Ball: rund, rollt

Von Kindern werden fortlaufend mit der Zeit weitere und immer mehr Beobachtungen gemacht, so dass die Anzahl der Instanziierungen (Elemente) einer Kategorie zunehmen. Um bei diesem Beispiel zu bleiben: Das Kind beobachtet andere Kinder, die von einer Frau umsorgt werden und schließt aus der im Analogieschluss gewonnen Kategorie, dass es sich wohl um deren Mama handeln müsste. Das Kind sieht andere Vierbeiner und bezeichnet diese mit der „wau-wau"-Kategorie, andere runde Gegenstände werden als „Ball" eingeordnet. Mit den gemachten Erfahrungen nimmt die Anzahl der Kriterien, die eine Kategorie kennzeichnen, in der Ausdifferenzierung weiter zu. Das Kriterium „vier Beine" ist für die Einordnung zur Kategorie „Hund" nicht mehr hinreichend. Aufgrund neuer bestimmter Kriterien gelingt es, einen Hund als solchen zu identifizieren und zwischen verschiedenen Tieren zu unterscheiden. Es werden neue Kategorien mit neuen Kriterien gebildet und auf neue Analogieziele übertragen. Um beim Beispiel „Hund" zu bleiben, wird nicht bei jedem neuen Hund, dem das Kind begegnet, ein neuer Kriterienkatalog angelegt; er wird aufgrund der Übereinstimmung der wesentlichen Kriterien, die der Kategorie „Hund" zugeordnet sind, als solcher erkannt. Allgemein formuliert werden neu wahrgenommene Situationen im Gehirn automatisch mit bereits vorhandenen Strukturen verglichen, um diese einzuordnen [9].

Die Kriterien, oder auch Eigenschaften oder Merkmale, die eine Kategorie kennzeichnen, stehen nicht isoliert nebeneinander, sondern werden in Beziehung zueinander gesetzt. Auf diese Weise entstehen „Beziehungsmuster", die relevant für die Kennzeichnung von Objekten, Situationen – kurzum allem, was der Mensch einer Kategorie zuordnen kann – sind. Da diese „Beziehungsmuster" für das Erkennen von Analogien ausschlaggebend sind, können sie auch als *Analogiekomponenten* bezeichnet werden. Zwei Situationen werden demnach dann als analog erkannt, wenn sich diese über das Beziehungsmuster ihrer Elemente ähneln, wobei die Elemente selbst nicht identisch sind [10].

Die menschliche Fähigkeit, Analogien zu erkennen und zu nutzen, steigt mit zunehmendem Alter und Erfahrung und der damit verbundenen Zunahme von Kenntnissen über relevante Beziehungen [11].

2.2.3 Metrik der Analogien

Es stellt sich die Frage, wodurch zwei Systeme „ähnlich" sind beziehungsweise als „ähnlich" wahrgenommen werden. Denn nur aus „ähnlichen" Systemen wird man per Analogieschluss entsprechende Modelle (die dann als „synoptische Modelle" im Kontext der Case-based Evidence bezeichnet werden) gewinnen können, die wiederum über Analogieschlussfolgerungen zu einem Erkenntnisgewinn führen.

Im einfachsten Fall haben Systeme – in diesem Fall einfache arithmetische Termini – eine quantitative Identität, welche sich als Analogie ihrer formal-mathematischen Inhalte bemerkbar macht (Abb. 2.1).

$$8 = \frac{24}{3} = 100_2 = 10 - 2$$

Abb. 2.1 Quantitative Identität zwischen Systemen

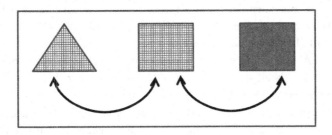

Abb. 2.2 Qualitative Identität von Merkmalen von Systemen

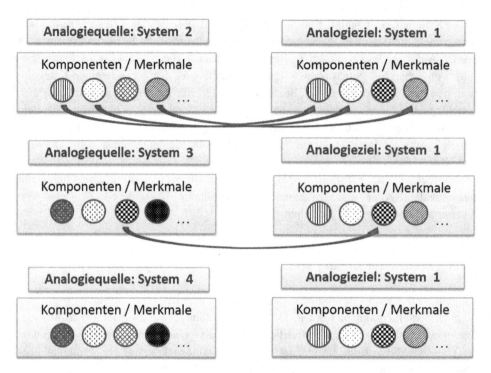

Abb. 2.3 Ähnlichkeit der Systeme aufgrund ähnlicher Komponenten

Qualitative Analogien zwischen Systemen äußern sich hingegen über die Identität von Eigenschaften der Komponenten der Systeme, hier einfacher geometrischer Objekte (Abb. 2.2).

Der Ähnlichkeitsbegriff äußert sich bei Systemen, die aus Komponenten bestehen, über die Identität von Eigenschaften dieser Komponenten beziehungsweise über die Identität dieser Komponenten selbst (Abb. 2.3).

Im vorliegenden Beispiel wären sich System 1 und System 2 ähnlicher als System 1 und System 3, während System 1 und System 4 keine Ähnlichkeiten aufweisen, außer der, dass beide „Systeme" sind; dieser Umstand wird in der Erkenntnistheorie auch als *analogia entia* bezeichnet – die fundamentale Analogie, die aus der bloßen Existenz resultiert. Die Komponenten der System 1 und 4 sind paarweise verschieden. Die hier illustrierten Ähnlichkeiten leiten ihr Ausmaß – ein „Ähnlichkeitsmaß" – also aus der Anzahl der identischen Komponenten her.

Ein Maß der Ähnlichkeit zwischen Komponenten ließe sich erweitern, indem etwa neben der reinen Gleichheit als solcher auch die Gewichtung der ähnlichen Komponenten berücksichtigt werden würde (Abb. 2.4).

Die Ähnlichkeit der Systeme 1 und 5 wäre hier als größer anzunehmen als die Ähnlichkeit der Systeme 1 und 3, da die zur Debatte stehende identische Komponente in dieser graphischen Darstellung „wichtiger" erscheint.

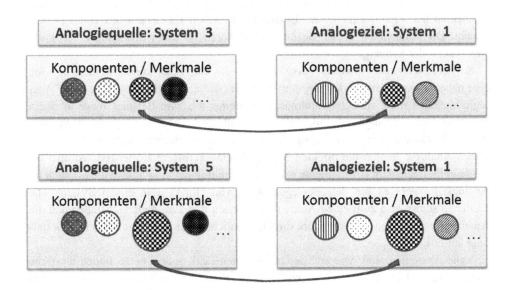

Abb. 2.4 Unterschiedliche Gewichtung von Komponenten

Zwei Systeme sind dann ungleich, wenn sich keine identischen Komponenten – außer der vordem erwähnten trivialen *analogia entia* - finden lassen, die zu beiden Systemen gehören. Dies ist in der Illustration bei System 1 und 4 der Fall; die beiden Systeme sind dahingehend ungleich und es besteht keine Analogie.

Umgekehrt sind zwei Systeme als identisch anzunehmen, wenn sich keine verschiedenen Komponenten finden lassen, also alle Komponenten jeweils gleich sind. Dieser Umstand kann im Sinne des Kritischen Rationalismus als „falsifizierbare Theorie" gelten; denn die ungleichen Komponenten könnten sich bei genauerer Analyse der Systeme eventuell doch noch finden lassen, so dass zwischen den beiden zur Debatte stehenden Systemen weiter differenziert werden könnte, und sich ihre Ungleichheit dahingehend herausstellen würde.

2.2.4 Nahe und ferne Analogien

Analogien lassen sich hinsichtlich der Distanz zwischen Analogiequelle und Analogieziel in nahe und ferne Analogien einordnen. Nahe Analogien gehören dem gleichen Bereich an und werden aufgrund einer oberflächlichen Ähnlichkeit von Analogiequelle und -ziel gebildet. Die Elemente von Quelle und Ziel weisen erkennbar gleiche Eigenschaften auf [12].

Bei fernen Analogien kommen hingegen Analogiequelle und Analogieziel aus verschiedenen Bereichen und sind in erster Linie durch ihre strukturelle Ähnlichkeit gekennzeichnet. Eine strukturelle Ähnlichkeit liegt vor, wenn die Beziehung zwischen

Elementen der Analogiequelle der Beziehung zwischen Elementen des Analogieziels gleicht. Die Ähnlichkeit dieser Beziehungsstrukturen ist dabei unabhängig von einer Ähnlichkeit der Elemente selbst [13].

Soll beispielsweise ein neues Verkehrssystem für eine Stadt kreiert werden, so wäre eine nahe Analogie, die Verkehrssysteme anderer Städte zu betrachten. Eine ferne Analogie hingegen wäre, sich etwa biologische Systeme, wie zum Beispiel Wege in einem Ameisenbau, zur Vorlage zu nehmen. Im ersten Fall würden oberflächliche Merkmale von der Analogiequelle zum Analogieziel übertragen - also Fahrzeuge und Straßen. In der fernen Analogie spielen die direkten Merkmale eine geringere Rolle. Hier ist also die *strukturelle* Beziehung der Elemente relevant. Sowohl in der Analogiequelle als auch im Analogieziel geht es um den Bewegungsfluss von Objekten in einem System. Die Elemente selbst, also zum einen Autos und Ameisen und zum anderen Straßen und die Ameisenwege, weisen keine größere direkte Ähnlichkeit in ihrer mechanischen Gestaltung auf [14, 15].

Nahe Analogien sind, wie sich leicht vermuten lässt, schneller zu finden als ferne Analogien, weil sie eben „naheliegender" sind. Ferne Analogien bieten hingegen das größere innovative Potenzial und eröffnen Lösungswege, an die mit Hilfe anderer Methoden möglicherweise nicht gedacht werden würde.

2.2.5 Abgrenzung der Case-based Evidence zu Referenzmechanismen

Die trivialste Form der nahen Analogien ist in den einfachen Referenzmechanismen zu sehen. Im Verlauf der Planung von Projekten und der Prüfung der damit verbundenen Innovationsrisiken kommt es immer wieder zu einer Suche nach (quasi trivialen) Vorgänger-Referenzen; „Wer hat das schon einmal gemacht?" ist die Leitfrage.

Diese (einfachste) Art der Suche nach Analogiequellen ist gängige Praxis in Projekten, die keinen hohen innovativen Anspruch haben und ein natürlicher Reflex prospektiver Anwender von - für sie neuen - Produkten: Man begibt sich auf die Suche nach entsprechenden Vor-Erfahrungen. Es kann gleichzeitig der Absicherung der eigenen Entscheidung im Sinne einer Risikolimitierung dienen – die eigene Entscheidung wird mit einem „woanders ist es ja auch schon gut gegangen" gerechtfertigt. Es wäre in der Tat ein unbestreitbarer Fehler, verfügbare Vor-Erfahrungen nicht zur Kenntnis zu nehmen und Lehren daraus zu ziehen.

Die Methode der Case-based Evidence grenzt sich von derartiger einfacher Suche nach Vor-Erfahrungen und Referenzen jedoch ab.

Bei der Methode Case-based Evidence wird nicht auf technischer Ebene verglichen, sondern das menschliche, psycho-soziale Verhalten in bestimmten, dahingehend als vergleichbar einzustufenden Fällen betrachtet. Die gefundenen Analogiequellen werden nicht als Referenzen verwendet, sondern vielmehr im Sinne eines analytischen Ansatzes im Hinblick auf das zu konstruierende synoptische Modell ausgewertet.

Abgesehen von einfachen Referenz-Analogien sind nahe Analogien im Allgemeinen durchaus als Analogiequelle geeignet. Wird beispielsweise die Akzeptanz von modernen Fahrassistenzsystemen untersucht (siehe dazu spätere Ausführungen), so liegt es nahe, als eine Analogiequelle auch bereits etablierte Fahrassistenzsysteme zu betrachten. Um Hinweise zu erhalten, die weniger offensichtlich sind, ist es jedoch zu empfehlen, auch Analogiequellen aus anderen Bereichen heranzuziehen.

Ferne Analogien sind, wie bereits ausgeführt, in erster Linie durch die Ähnlichkeit der Beziehungsstrukturen gekennzeichnet, was sie nicht auf den ersten Blick erkennbar macht. Aus diesem Grund ist es für das Finden von – insbesondere fernen – Analogien wichtig, den Untersuchungsgegenstand so weit wie möglich auf charakteristische und relevante Eigenschaften und Komponenten zu abstrahieren.

2.3 Die „Theorie mittlerer Reichweite"

Die vordem dargelegten Prinzipien des deduktiven und analogen Schließens weisen einen gewissen qualitativen Unterschied auf. Diesen Unterschied könnte man in der „Reichweite" der jeweils verwendeten Theorie – der Basis der Deduktion – festmachen.

Man findet gerade in den Naturwissenschaften eine ganze Reihe von Theorien, die offenbar seit vielen Jahren, zum Teil gar Jahrhunderten, als sehr stabil erscheinen, wie beispielsweise die nicht-relativistische Gravitationswirkung, die mit $s = \frac{1}{2}\, g\, t^2$ formal ausgedrückt werden kann. Diese „Grand Theories" verfügen über ein relativ hohes Abstraktionsniveau; die entsprechenden Formalien der Theorie müssen sich diejenigen, die die Theorie deduktiv nutzen, erst einmal aneignen. Eine naive Interpretation billigt

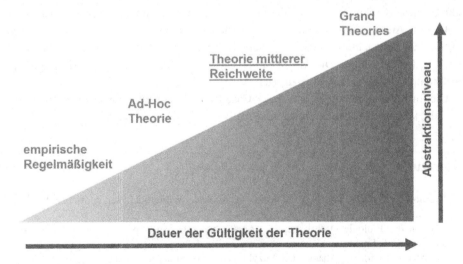

Abb. 2.5 Einordnung der „Theorie mittlerer Reichweite"

den Grand Theories eine universelle und „ewige" Gültigkeit zu. Der Kritische Rationalismus hingegen sieht diese Theorien, die sich über einen langen Zeitraum nicht mehr verändert haben, als „bewährt" – um den Begriff aus dem Jargon des Kritischen Rationalismus zu verwenden – an; ihre Falsifizierbarkeit ist nach wie vor gegeben – in der Tat musste die klassische Gravitation etwa im Rahmen der EINSTEINschen Relativitätstheorie ergänzt werden (Abb. 2.5).

In einigen Wissenschaftsbereichen steht die Beschreibung der unmittelbaren empirischen Befunde im Vordergrund. Die Induktionsschlüsse sind schwierig, erscheinen zum Teil gar unmöglich: Ein geschlossener, formaler Ausdruck lässt sich nicht finden, man muss auf der Ebene lediglich quantitativer, gar nicht-eindeutiger („Teils-Teils") Aussagen verbleiben. Daher wird die Formulierung allgemein gültiger Gesetze aufgegeben, zugunsten einer „quantifizierenden" – oder quasi narrativ-prosaischen – Darstellung. Man findet diese Vorgehensweise bei der Beobachtung und Beschreibung des sozialen Verhaltens von Personen in den Sozialwissenschaften, bei der Beschreibung von Beobachtungsergebnissen in der Biologie, oder der Beobachtung von atmosphärischen Phänomenen in der Meteorologie. Es ist unmittelbar evident, dass diese Beschreibungen von empirischen Regelmäßigkeiten als Ad-hoc-Theorien eine eher geringe Gültigkeitsdauer haben. Das Auftreten neuer Beobachtungsergebnisse zwingt sofort zu einer Überarbeitung und Ergänzung dieser Ad-hoc-Theorien.

Zwischen Ad-hoc-Theorien und Grand Theories vermittelnd lassen sich die „Theorien mittlerer Reichweite" positionieren. Letztere wurden eigentlich als ein Verzicht auf raumzeitlich unbegrenzte „naturwissenschaftliche" Theorien („Grand Theories") postuliert. Der Begriff der „Middle Range Theory" – eben „Theorie mittlerer Reichweite" – wurde 1949 von MERTON begründet und erfuhr in den 1960er-Jahren eine weitere Ausarbeitung [16]. Die Theorien mittlerer Reichweite gehen über die „Mikrotheorien" der bloßen empirischen Beschreibung von Verhaltensweisen hinaus und verfolgen einen interpretativen Ansatz, der in einer synoptischen Modellbildung auf Basis historisch-empirischer Beobachtungen mündet. Diese synoptischen Modelle beinhalten eher Aussagen mit „lokaler Natur". Die Aussagen der Theorien mittlerer Reichweite sind weder als hochkomplex noch als trivial anzusehen.

Die im Rahmen der Anwendung der Case-based Evidence gefundenen synoptischen Modelle können als Theorien mittlerer Reichweite eingeordnet werden.

Literatur

1. Drosdowski G (Hrsg.) (1993): „Duden – Das große Wörterbuch der deutschen Sprache", 2. Auflage.
2. Lexikon der Biologie (1999), Begriff „Analogie": http://www.spektrum.de/lexikon/biologie/analogie/3256, Spektrum Akademischer Verlag, Heidelberg.
3. Brockhaus (1996): Brockhaus – Die Enzyklopädie. 20. Auflage, Leipzig.
4. Rüthers B, Fischer C, Birk A (2015): Rechtstheorie – mit Juristischer Methodenlehre, Verlag C. H.Beck; 8., überarbeitete Auflage, München.

5. Lexikon Online für Psychologie und Pädagogik (2015): Schlussfolgerndes Denken. Abrufbar im Internet unter: http://lexikon.stangl.eu/7533/schlussfolgerndes-denken/. Abgerufen am 24.08.2015.

6. Neuronation (2015): Was bedeutet deduktives und induktives Denken? Abrufbar im Internet unter http://www.neuronation.de/science/was-bedeutet-deduktives-und-induktives-denken. Abgerufen am 24.08.2015.

7. Österle H et al. (2010): Memorandum zur gestaltungsorientierten Wirtschaftsinformatik. Zeitschrift für betriebswirtschaftliche Forschung, 6, 62, pp. 664–672.

8. Holyoak K J, Junn E N, Billman, D O (1984): Development of Analogical Problem Solving Skills. In: Child Development, 1984, 2042–2055 (http://reasoninglab.psych.ucla.edu/KH%20pdfs/HolyoakJunnBillman1984.pdf)

9. Hofstadter D, Sander E (2014): Die Analogie: Das Herz des Denkens, Klett-Cotta, Stuttgart.

10. Holyoak K. J. (2005): Analogy. In: The Cambridge Handbook of Thinking and Reasoning, Holyoak K. J./Morrison R. G. (Hrsg.), Cambridge: Cambridge University Press, S. 117–142.

11. Richland LE, Morrison RG, Holyoak KJ (2006): Children's development of analogical reasoning: Insights from scene analogy problems. In: Journal of Experimental Child Psychology 94, 2006, 249–273, (http://www.education.uci.edu/person/richland_l/docs/1-PictureAnalogyRMH.pdf)

12. Gick M L, Holyoak K J (1980): Analogical Problem Solving. In: Cognitive Psychology, Jg. 12 (3), S. 306–355.

13. Blanchette I, Dunbar K (2000): How Analogies Are Generated: The Roles of Structural and Superficial Similarity. In: Memory & Cognition, Jg. 28(1), S. 108–124.

14. Kalogerakis K (2010): Innovative Analogien in der Praxis der Produktentwicklung. Gabler, Wiesbaden.

15. Herstatt C, Kalogerakis K, Schulthess M (Hrsg.) (2014): Innovationen durch Wissenstransfer – Mit Analogien schneller und kreativer Lösungen entwickeln, Springer Gabler, Wiesbaden.

16. Mertons R K (1949): Social theory and social structure, Free Press, New York.

Die Anwendungsbereiche der Case-based Evidence

3

Zusammenfassung

Die Methode Case-based Evidence wurde im Rahmen von Akzeptanzermittlungen und Akzeptanzverbesserungen entwickelt. Daher wird auf diesen Anwendungsbereich hier ausführlicher eingegangen. Eine besondere Rolle für die Akzeptanz von Produkten und Dienstleistungen spielt zum einen das Vertrauen des Bedarfsträgers in die anbietende Partei und zum anderen der zu erwartende Nutzwert, ohne den es ebenfalls, auch bei größtem Vertrauen, keine Akzeptanz geben kann. Es lassen sich aber auch eine Reihe weiterer Anwendungsbereiche finden, die zum Ende dieses Kapitels exemplarisch genannt werden.

3.1 Die Akzeptanz innovativer Produkte und Projekte

Ob ein Produkt, eine Dienstleistung, ein Projekt oder Verfahren akzeptiert wird oder nicht, hängt von zahlreichen Faktoren ab. Es ist im Rahmen des „Requirements Engineering" – der klassischen ingenieurmäßigen Anforderungs- und Bedarfsanalyse – eine gewisse Konzentration auf die Ermittlung „objektiver Bedarfe" zu beobachten. Hier wird gerne übersehen, dass das bloße „Matching" von Bedarf und Angebot nicht immer hinreichend für das Entstehen von Nachfrage im konkreten Fall ist.[1]

Für das Entstehen von Nachfrage ist die *Akzeptanz* des Angebots durch den Bedarfsträger eine absolut zentrale und notwendige Voraussetzung: So führen beispielsweise Änderungen

---

[1] Dieser Effekt mag im Rahmen der Informationstechnik etwas exotisch erscheinen – wenn(!) ein System die Anforderungen der Nutzer erfüllt, dann(!) müsste es doch auch zum Einsatz kommen? In anderen Disziplinen ist dieser Effekt alltäglich, man bedenke im Bereich der Allgemeinmedizin, wie viele Patienten einen objektiven Bedarf an einem Tetanus-Impfschutz haben, diesem aber nicht per konkreter Nachfrage nach entsprechender ärztlicher Behandlung nachkommen!

© Springer Fachmedien Wiesbaden 2016   21
M. Schumacher, G.R. Hofmann, *Case-based Evidence – Grundlagen und Anwendung*,
DOI 10.1007/978-3-658-10613-3_3

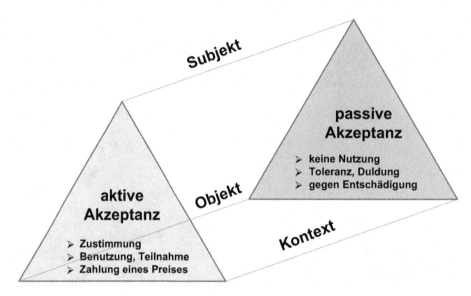

Abb. 3.1 Bezugsrahmen der Akzeptanz (lat.: acceptare, annehmen, sich gefallen lassen) [1, 2]

von Systemen, etwa in der IT-Infrastruktur, notwendigerweise auch zu Umstellungen des Nutzungsverhaltens, so dass sich direkt die Frage nach der Akzeptanz der neuen Systeme stellt (Abb. 3.1).[2]

Bei der Frage nach der Akzeptanz von Produkten, Waren, Dienstleistungen, Verfahren, etc., bei einer betroffenen Person oder bei einem Kunden wird in *aktiver Akzeptanz*, in Form von Erwerb und Nutzung (gegen Entgelt), und *passiver Akzeptanz*, in Form von Duldung der Nutzung durch Dritte (ggfs. gegen Entschädigung), unterschieden. Aktive Akzeptanz mit Erwerb schließt in der Regel das Entrichten eines Kaufpreises mit ein, während bei passiver Akzeptanz (Duldung) eher ein umgekehrtes Entgelt im Sinne einer Entschädigungszahlung oder Ähnlichem zu leisten sein wird.

Beispiel

Hierzu ein illustratives Beispiel: Durstige Personen haben das Bedürfnis, etwas zu trinken. Sind diese Personen mit den entsprechenden monetären Mitteln ausgestattet, wäre beispielsweise ein Erwerb von Mineralwasser möglich. Aus dem Bedürfnis hat sich ein objektiver Bedarf (Bedarf ist gleich Bedürfnis plus monetäre Mittel) entwickelt. Eine andere Person, die Mineralwasser in Pappbechern anbietet, tritt auf;

---

[2] Dies ist insbesondere dann der Fall, wenn diese Änderungen einen Paradigmenwechsel, wie beispielsweise beim Cloud Computing, mit sich bringen. Aber auch eine von Nutzern getriebene Veränderung der IT-Landschaft eines Unternehmens, wie sie – typisch für die Verflechtung privater und professioneller IT – mit dem Stichwort „Bring Your Own Device" assoziiert ist, wirft neben technischen und rechtlichen Fragen die Frage nach der Akzeptanz auf.

eigentlich trifft deren Angebot den Bedarf objektiv(!) präzise, aber die Durstigen trauen dem Angebot subjektiv(!) nicht, etwa weil sie das Produkt „Mineralwasser in Pappbechern" für unzuverlässig halten, da es nicht in verschlossenen Flaschen angeboten wird und dadurch etwaige Verunreinigungen zu befürchten sind. Die Nachfrage (Kauf nach Maßgabe von Bedarf) kommt trotz Bedarfs wegen mangelnder aktiver Akzeptanz – wegen mangelnden Vertrauens in den Anbieter – nicht zustande. Eine fehlende passive(!) Akzeptanz liegt hingegen etwa dann vor, wenn nicht-durstige Eltern ihren durstigen Kindern in der gleichen Situation den Verzehr des – aus Eltern-Sicht – zweifelhaften Mineralwassers verwehren.

Beispiel

Ein prominentes Beispiel für die hohe Wichtigkeit fehlender passiver Akzeptanz und ihrer Folgen konnte sich in den letzten Jahren beim Projekt „Stuttgart 21" beobachten lassen. Der Widerstand gegen dieses Projekt ging nicht von den Personen aus, die den neuen Bahnhof *aktiv* nutzen, was ja selbstredend nicht möglich war, da der fragliche Bahnhof noch gar nicht existierte. Die *aktive* Akzeptanz der Bahnfahrer des neuen, modernen Bahnhofs könnte ja durchaus gegeben sein. Die *passive* Akzeptanz – die Duldung – eines Vorhabens, das möglicherweise anderen nutzt, durch das sich jedoch eine Gruppe beeinträchtigt sieht, stellte für das Vorhaben ein großes gesellschaftliches, politisches und auch finanzielles Problem dar.

Die Akzeptanz von Produkten, Systemen und Vorrichtungen – auch von IT-Systemen – stellt sich nicht nur als ein rational-technisches und rational-ökonomisch-betriebswirtschaftliches, sondern auch als ein psychologisches, soziologisches und politisches Problem dar.

3.1.1 Akzeptanzobjekt und Akzeptanzsubjekt als Systeme

Bei der Beurteilung der Akzeptanz von Systemen durch einen Nutzer oder eine Nutzergruppe ist neben der Ähnlichkeit der technischen Systeme, die akzeptiert werden sollen (s. Abschn. 2.2.3), auch die Ähnlichkeit der Nutzgruppen relevant, deren Akzeptanzverhalten beurteilt werden soll.

Die Nutzergruppe ist sowohl soziologisch als auch – im Falle eines individuellen Nutzers – psychologisch differenzierbar.

Die Fragen nach der Akzeptanz einer Vorrichtung oder eines Verfahrens durch eine einzelne Nutzerperson oder eine Gruppe von Nutzern adressiert eine spezielle Form der Interaktion in einem sozio-technischen System, dem Zielsystem der Untersuchung oder auch der „Forschungsfrage".

▶ **Definition** Ein System (gr.: σύστεμα, das aus mehreren Teilen Zusammengesetzte) ist eine Menge von wohlunterscheidbaren Elementen (den „Komponenten" des Systems), die in einer Beziehung (den „Interaktionen" im System) zueinander stehen. Die Beziehung (Interaktion) kann technischer, sozialer, ökonomischer, biologischer, formaler oder sonstiger beschreibbarer Natur sein. Konsequenterweise handelt es sich dann um technische, soziale etc. Systeme – auch Kombinationen sind möglich.

Sowohl das zu Akzeptierende (das Akzeptanzobjekt), als auch die Akzeptierenden (die Akzeptanzsubjekte) bilden ihrerseits jeweils ein System im System, mithin ein Untersystem. Systeme können also, da sie Mengen sind, hierarchisch aufgebaut sein und daher voneinander abhängen. Trivialerweise bildet die „gesamte Welt" als die Gesamtheit des Seienden und des Möglichen ein einziges großes System, da alles Seiende und Mögliche über mindestens diese Erkenntnisinteraktion mit dem erkennenden Subjekt in einer Interaktion steht – ungeachtet weiterer Interaktionen der Weltkomponenten untereinander.

Die im Rahmen der Case-based Evidence anzustellenden Untersuchungen – die Forschungsfragen – adressieren die „Ähnlichkeit" solcher Akzeptanzsysteme. Genauer formuliert bringt dies aber den Vergleich des gesamten Akzeptanz-Zielsystems mit anderen Akzeptanzsystemen mit sich. Wird dieser Aspekt weiter ausdifferenziert, so wird klar, dass eigentlich drei(!) weitere Interaktionen betrachtet werden, die in einer logischen Abhängigkeit zueinander stehen (Abb. 3.2). Nämlich

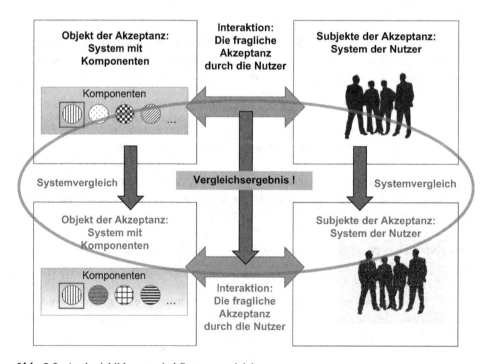

Abb. 3.2 Analogiebildungen sind Systemvergleiche

1. die Interaktion des Akzeptanzobjekte und
2. die Interaktion der Akzeptanzsubjekte.
3. Schließlich erfolgt ein Rückschluss auf die zu mittelnde Interaktion – die eigentliche Akzeptanz – zwischen diesen beiden Subsystemen.

Dieser Rückschluss ist eigentlich nicht-kausal, weil lediglich aus der „Ähnlichkeit" von zwei Teilsystemen (Ähnlichkeit von Akzeptanzobjekt und Akzeptanzsubjekt) auf die Ähnlichkeit eines dritten Teilsystems, nämlich der Akzeptanz, geschlossen wird. Für eine Kausalität wäre ein formales geschlossenes Modell der jeweiligen Ursachen und Wirkungen erforderlich, das in der Lage sein müsste, die entsprechenden Ähnlichkeiten kausal zu erklären. Nichtsdestoweniger ist das Vergleichen von derartig ähnlichen analogen Systemen eine Kategorie des menschlichen Erkenntnisgewinns – wie oben bereits im Abschnitt zu den analogen Schlussfolgerungen hinreichend erläutert wurde.

3.1.2 Die Rolle des Vertrauens für die Akzeptanz

Der Begriff des „Vertrauens" ist Gegenstand intensiver Diskussion der Praktischen Philosophie seit der Antike – man beachte etwa die römische *fides*, auch heute noch als „Treu und Glauben" ein wichtiger Rechtsgrundsatz [3]. Dennoch oder gerade deshalb existieren in der einschlägigen Literatur über 100 verschiedene Definitionsvarianten und -aspekte von „Vertrauen" [4]. Das Wort „Vertrauen" selbst entstammt dem Mittelhochdeutschen des 15. Jahrhunderts und wird etwa im Duden definiert als „festes überzeugt sein von der Verlässlichkeit, Zuverlässigkeit einer Person, Sache" [5].

Akzeptanz von Produkten und Dienstleistungen setzt, wie oben in Abschn. 3.1 dargestellt, das Vertrauen des Bedarfsträgers in die anbietende Partei voraus. Das Phänomen Vertrauen ist wahrscheinlich so alt wie das menschliche Zusammenleben, es ist die Voraussetzung und Basis jeglicher menschlicher, inter-personeller Kooperation [6] und der Handlungsspielraum des Einzelnen wäre ohne Vertrauen auf einfachste, sofort abzuwickelnde Handlungen beschränkt [7].

Mit der fortschreitenden Spezialisierung von Arbeit auf Teilschritte und der einhergehenden steigenden Komplexität der modernen Gesellschaft gewinnt die Betrachtung von Vertrauen unter ökonomischen Aspekten weiter an Bedeutung: Operatives Misstrauen ist ökonomisch nicht sinnhaft, extrem aufwendig und teuer.[3] Rational-ökonomisch ist Vertrauen also (viel) billiger und „natürlicher" als Misstrauen, weil es die Komplexität der Umwelt reduziert [3, 8]. Es stellt sich also die Frage, wie „vertrauensbildende Maßnahmen" konstruiert und kommuniziert werden können [9, 10].

---

[3] Man vergegenwärtige sich beispielsweise die Kosten der operativen Misstrauenskultur, die Regierung und Verwaltung der ehemaligen DDR ihren Bürgern und auswärtigen Besuchern entgegengebracht hat. Auch im Berufsleben unter Kolleg(inn)en oder im privaten Familienleben ist Misstrauen in aller Regel aufwendig und teuer.

Für die weitere Behandlung des Themas soll die allgemein akzeptierte Definition nach Rousseau von Vertrauen als „eine psychologische Einstellung, welche aus der Absicht besteht, die eigene Verwundbarkeit auf Grundlage einer positiven Erwartung in die Intention oder das Verhalten eines anderen zu akzeptieren" [11], verwendet werden.

Dieser Definition liegen zwei Annahmen zugrunde: Grundsätzlich setzt bilaterales Vertrauen voraus, dass beide Seiten über gewisse Freiräume verfügen, auf die sich die Erwartung der Akteure bezieht. Ohne Freiräume oder Handlungsalternativen braucht es kein Vertrauen, da eine absolute Sicherheit der zukünftigen Handlungen gegeben ist. Derartige Sicherheit der Zukunft, die Vertrauen überflüssig macht, ist aber in den wenigsten Sachverhalten vorhanden.

Ein weiterer Bestandteil der Definition ist die eigene Verwundbarkeit beziehungsweise die Betroffenheit durch die möglicherweise nachteilhafte Entwicklung der Zukunft. Vertrauen entsteht dann, wenn sich der Vertrauende willentlich der eigenen Verwundbarkeit bewusst ist und dennoch die Entscheidung trifft, sich der unsicheren zukünftigen Handlung eines anderen auszusetzen.

Vertrauen schafft die Reduktion der Komplexität auf ein von allen Parteien beherrschbares Maß.

LUHMANN [8] unterscheidet im Rahmen seines systemtheoretischen Ansatzes bei der „Reduktion der Komplexität durch Vertrauen" zwei Mechanismen, nämlich

1. den Ausschluss einzelner Gefahren im Prozess der Entscheidungsfindung, und
2. die Auswahl der Alternativen nach ihrem Erfolg und nicht durch Standards [7].

Dem zweiten Mechanismus, der Auswahl nach Erfolg, liegt ein weiterer, zentraler Mechanismus der Vertrauensbildung zugrunde.

3. Der Mensch misst das Vertrauen an der Erfüllung der Erwartungen [7].

Vertrauen ist ein Phänomen, das sich über Feedback-Schleifen selbst verstärken kann. Viele kleine Schritte, auch Vertrauensschwellen genannt, werden dazu genutzt, ständig die erwartete Zukunft mit der wirklich eingetroffenen Gegenwart zu vergleichen und damit das eingesetzte Vertrauen zu rechtfertigen. Solche erfolgreichen Iterationen führen zu einem steigenden Vertrauensniveau. In dieser Beziehung bedingen sich Vertrauen und Kontrolle gegenseitig [10] (Abb. 3.3).

Ohne Vertrauen kann es keine Kontrolle geben und ohne Kontrolle kein Vertrauen

Ein hohes Vertrauensniveau kann mittel- und langfristig nur aufgebaut werden, wenn wiederholt der Vertrauensvorschuss bestätigt wird und sich weiterhin als gerechtfertigt erweist. Dieser Aspekt ist umso relevanter, wenn diskutiert wird, ob das Versprechen gewisser technischer, vom Vertrauenden schwer zu überprüfender System-Eigenschaften, vertrauensbildend ist oder nicht.

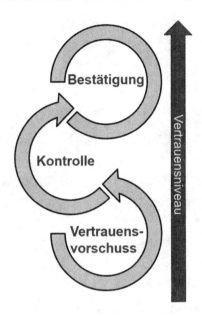

Abb. 3.3 Vertrauensniveau und Vertrauensschwellen

Wenn der Mensch aufgrund zu hoher Komplexität nicht mehr in der Lage ist, eine reale Kontrolle durchzuführen, greift er auf symbolische Implikationen zurück. Auch hierbei kommt es zu den oben genannten Rückkoppelungsschleifen, in denen die Summe der symbolischen Implikationen bewertet wird: Entschieden wird, ob das Vertrauen weiterhin besteht oder entzogen wird. Durch diese symbolische Kontrolle wirkt allerdings die Thematisierung vertrauensrelevanter Gründe negativ auf die Vertrauenswürdigkeit, da sie die Begründetheit von Misstrauen in den Vordergrund stellt [7]. Eine Werbung für ein sicheres Produkt mit Argumenten zu einer hervorragenden Ausstattung von technischen Sicherheitsmechanismen führt unter Umständen dazu, dass eben jene Sicherheitsdiskussion erst in den kritischen Fokus der Vertrauensfrage rückt.

„Der größte Gegner des Vertrauens ist die Angst" [12]
Besteht oder entsteht die Angst oder die Unsicherheit, dass das – bislang investierte – Vertrauen nicht gerechtfertigt ist oder wird ein Vertrauensvorschuss gar nicht erst gewährt, so ist das mit zusätzlichen Kosten oder Auflagen wie Preisabschlägen, einem Übermaß an Kontrolle oder Rückversicherungen etc. verbunden.

Da die Risikowahrnehmung als kritischsten Faktor für die Akzeptanz gesehen werden kann, müssen für eine erfolgreiche Vermarktung eines Produktes oder Projektes vertrauensbildende Maßnahmen zur Risikominimierung ergriffen werden (Abb. 3.4).

Der Begriff des Vertrauens bezeichnet in erster Linie eine Vertrauensbeziehung zwischen Personen. Wenn Personen ganzen Organisationen wie Ämtern, Banken, Unternehmen etc. vertrauen, so wird dies als „Systemvertrauen" bezeichnet. Organisationen können zwar grundsätzlich als Beteiligte im Vertrauenskontext auftreten, jedoch nicht mit

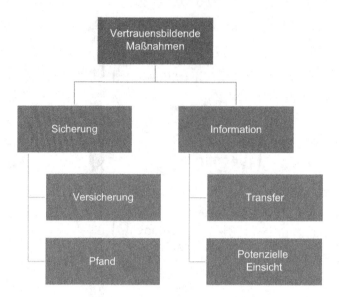

Abb. 3.4 Vertrauensbildende Maßnahmen zur Risikominimierung

Personen gleichgesetzt werden [10]. Systemvertrauen besteht im Wesentlichen aus dem Vertrauen in die systemimmanenten Kontrollmechanismen und in die Zugangspunkte zum System [10].

Bei dem Aspekt der Kontrollmechanismen wirkt schon die alleinige Existenz solcher Mechanismen vertrauensbildend, selbst wenn sie nicht aktiv durch den Vertrauenden genutzt werden. Der Vertrauende begnügt sich damit, im Zweifel die Möglichkeit zu haben, die Handlungen der Gegenseite kontrollieren zu können. In der Realität finden sich solche Mechanismen beispielsweise im Rahmen der Informationsrechte der Aktionäre in der Aktiengesellschaft oder der Genossen in der Genossenschaft. Zugangspunkte sind meist Personen; hier wird die Vertrauenswürdigkeit der Person auf das System übertragen – man spricht hier auch von „geliehenem" Vertrauen.

3.1.3 Die Rolle des Nutzwertes für die Akzeptanz

Selbst ein sehr hohes Vertrauen in ein Produkt- oder Verfahrensangebot hat dann keine positive Auswirkung auf die Akzeptanz dieses Angebots, wenn das Produkt oder Verfahren für die akzeptierenden Käufer oder Nutzer keinen erkennbaren Nutzwert mit sich bringt.

Beispiel

Es könnte beispielsweise das Vertrauen in die Funktionsfähigkeit und Zuverlässigkeit in eine Maschine wie einen Ackerschlepper sehr hoch sein. Dies wird aber kaum zu einer Akzeptanz oder Kauf bei Leuten führen, die nun einmal gar keinen Acker-schlepper brauchen, da sein Nutzwert im individuellen Fall faktisch null beträgt.

Die Frage nach dem Nutzwert eines Gutes (Produkt oder Verfahren) ist in unseren täglichen Entscheidungen allgegenwärtig:

– Einerseits wird nach absoluten Nutzwerten gefragt, etwa in der Form „Soll ich mir ein neues Smartphone kaufen?", „Soll ich heute auswärts essen?" etc. – es geht darum, überhaupt irgendetwas zu kaufen oder zu tun.
– Andererseits wird nach Nutzwerten vor dem Hintergrund möglicher Alternativen gefragt, dann wäre das etwa „Kaufe ich die teureren Bio-Bananen oder die günstigeren?", „Welches Auto ist das richtige für mich?", „Wohin geht die Ur-laubsfahrt?" etc.

Die Kriterien für den Nutzwert haben in der Regel mehrere Dimensionen. Beim Autokauf wären dies beispielsweise die Farbe, die Kosten des Unterhalts, die Zahl der Sitzplätze usw.
Innerhalb der jeweiligen Dimensionen gibt es Hierarchien. Bei den Kosten des Autos wäre in Anschaffungskosten und laufende Kosten zu unterscheiden. Die laufenden Kosten wiederum in Steuer, Versicherung, Benzinverbrauch etc. zu untergliedern. Anschließend stellt sich die Frage, welche Argumente wie „schwer wiegen", mit welchem prozentualen Anteil sie also in welcher Arithmetik in ein Gesamturteil über den Nutzwert eingehen.

▶ **Definition** Unter dem Nutzwert ist der subjektive, durch die Tauglichkeit zur Bedürfnisbefriedigung bestimmte Wert eines Gutes zu verstehen [13]. Mit der Nutzwertanalyse wird versucht, eigentlich nicht vergleichbare Parameter auf einen gemeinsamen Nenner zu bringen, um eine Entscheidung fällen zu können. Der Kriterienkatalog ist

– mehrdimensional,
– hierarchisch und
– gewichtet.

Im Rahmen dieser Ausarbeitung ist nicht Raum, die einzelnen Verfahrenselemente der Nutzwertanalyse detailliert darzustellen; diese Entscheidungswege sind jedoch Gegen-stand täglicher Praxis [14]. An dieser Stelle soll nur der Hinweis erfolgen, dass sich die Kategorien des Vertrauens und des Nutzwertes für die Akzeptanz zueinander orthogonal und komplementär verhalten können.

3.2   Weitere Anwendungsbereiche der Case-based Evidence

Die Case-based Evidence wurde für die konkrete Aufgabe entwickelt, mit moderatem Aufwand verlässliche Hinweise für eine Verbesserung der Akzeptanz von Produkten, Dienstleistungen, Verfahren und Projekten zu geben.

In den letzten Jahren wurde der methodische Ansatz ständig weiterentwickelt, so dass folgende Punkte zu den wichtigsten Einsatzgebieten der Case-based Evidences zu zählen sind:

I.   Abschätzung und Verbesserung der Akzeptanz neuer Produkte und Vorhaben. Für diesen Einsatzzweck ist die Methode primär entwickelt worden. Je früher im Entwicklungsprozess der Produkte oder Vorhaben analoge Fälle betrachtet werden, umso besser. Die Verbesserung der Akzeptanz umfasst neben Anpassungen am Produkt oder am Vorhaben selbst auch Aspekte der Kommunikation, des Vertriebs und des Marketings.

II. Analyse bei Akzeptanzproblemen im engeren Sinn. Case-based Evidences können sehr gut dazu beitragen, die Ursache von Akzeptanzproblemen aufzudecken; durch eine Betrachtung von strukturgleichen Fällen werden Schwachstellen offensichtlich.

III. Innovative Produktentwicklung. Es gibt zahlreiche Ansätze, wo man sich der innovativen Produktentwicklung mit Hilfe von Analogien widmet. Da die Autoren die Meinung vertreten, dass die Nutzung von Analogien nur dann zielführend ist, wenn Sie mit Experteninterviews gekoppelt werden und die relevanten Beziehungen von Analogiequelle und -ziel modellhaft dargestellt werden sollten, wird dieses Einsatzgebiet hier ebenfalls mit aufgeführt.

IV. Folgen politischen Handelns. Es lassen sich historisch immer wieder politische Konstellationen finden, die – strukturell betrachtet – wiederkehren. Es würden sich hieraus wichtige Erkenntnisse für die Folgen des heutigen politischen Handelns ableiten lassen. Hier wird von Seiten der Autoren noch ein weites Feld für die Nutzung der Methode Case-based Evidence gesehen.

Die Methode Case-based Evidence ist und bleibt ein Mittel zum Zweck und steht damit in der Tradition der gestaltungsorientierten Ansätze [15], die in den Ingenieurwissenschaften verbreitet sind: Der Mittel-Zweck-Relation wird eine Präferenz gegenüber der Ursache-Wirkung-Relation eingeräumt, die für die deduktiven Ansätze von zentraler Bedeutung ist. Mittel-Zweck-Relationen sind nicht selten nicht-kausaler Natur.[4]

Auch die Case-based Evidence eignet sich selbstredend nicht bei *jeder* Problemstellung als der allein mögliche Lösungsansatz. Möchte man beispielsweise die Akzeptanz einer bereits entwickelten neuen Software abschätzen, so könnten Usability

---

[4] Mittel-Zweck-Relationen sind im Bereich der medizinischen Pharmakologie nicht selten. Die „Erklärung" der kausalen Wirkungsursache eines Medikaments tritt die plausible Dokumentation seiner unmittelbaren Wirkung zurück, siehe auch „Evidence-based Cases" in der Therapie [16].

Tests mit einer Gruppe von Probanden schneller zu konkreten Hinweisen führen. Analogien können im gleichen Beispiel jedoch zusätzliche Hinweise geben, welche Zielgruppe mit „dieser Art von Software" angesprochen werden kann, wie sie vermarktet werden könnte oder welche begleitenden Dienstleistungen in Erwägung gezogen werden könnten.

Literatur

1. Hofmann G R, Schumacher M (2014) Studie zur Akzeptanz von Cloud Computing – Neuauflage 2014. EuroCloud Deutschland_eco e. V., Köln.
2. Lucke D (1997): Akzeptanz. Legitimität in der ‚Abstimmungsgesellschaft', Leske & Budrich, Opladen.
3. Hartmann M (2011): Die Praxis des Vertrauens. suhrkamp Verlag, Frankfurt am Main.
4. Fink M, Harms R., Möllering G. (2010): Introduction: A Strategy for Overcoming the Definitional Struggle. Cooperation and Trust in the Context of SMEs, 101–105.
5. DUDEN (2015): Bedeutungsübersicht „Vertrauen". Online abrufbar unter: http://www.duden.de/suchen/dudenonline/Vertrauen. Abgerufen am 10.09.2015.
6. Tomasello M (2010): Warum wir kooperieren. Suhrkamp, Frankfurt am Main.
7. Diekmann A (2007):Empirische SoHofmann G R, Schumacher M (2014) Studie zur Akzeptanz von Cloud Computing – Neuauflage 2014. EuroCloud Deutschland_eco e. V., Köln.
8. Möllering G, Bachmann R, Lee SH (2004): The micro-foundations of organizational trust; Emerald, Bradford.
9. zialforschung: Grundlagen, Methoden, Anwendungen, Reinbek, Rowohlt.
10. Luhmann N (2001): Vertrauen, ein Mechanismus der Reduktion sozialer Komplexität. 4. Auflage, Campus-Verlag, Frankfurt am Main.
11. Child J; Möllering G (2003): Contextual Confidence and Active Trust Development in the Chinese Business Environment [Artikel] // Organizational Science. – [s.l.]: INFORMS, 2003. – 1: Bd. 14. – S. 69–80. Online abrufbar unter: http://www.researchgate.net/profile/Guido_Moellering/publication/228953225_Contextual_confidence_and_active_trust_development_in_the_Chinese_business_environment/links/0deec52a9dbcab915b000000.pdf, abgerufen am 11.09.2015.
12. Von Braun C (2012): Der Preis des Geldes, Aufbau Verlag, Berlin.
13. Gabler Wirtschaftslexikon, Begriff „Nutzwert" http://wirtschaftslexikon.gabler.de/Archiv/143831/nutzwert-v5.html.
14. Munko M (2009): Ein System mehrdimensionaler, hierarchischer, gewichteter Kriterien für die Personalentwicklung – dargestellt am Beispiel der Firma WIKA Alexander Wiegand GmbH & Co. KG, Hochschule Aschaffenburg.
15. Hevner A R et al. (2004): Design Science in Information System Research. MIS Quarterly Vol. 28 No. 1, pp. 75–105/March 2004.
16. Greenhalgh T (2014): How to Read a Paper: The Basics of Evidence-Based Medicine, John Wiley & Sons, London.

Vorgehen bei der Anwendung der Case-based Evidence

4

Zusammenfassung

In diesem Kapitel werden die Schritte zur Anwendung der Methode Case-based Evidence praxisnah erläutert und nützliche Tipps gegeben. Der präzisen Formulierung der Forschungsfrage sowie der Identifikation der relevanten Analogiekomponenten kommt dabei eine besonders große Bedeutung zu. Hier kommt es darauf an, möglichst zielsicher herauszuarbeiten, welche Faktoren für die Akzeptanz des Untersuchungsgegenstandes besonders ausschlaggebend oder kritisch sind. Anschließend gilt es, strukturähnliche Fälle zu finden, die genau diese akzeptanzkritischen Rahmenbedingungen aufweisen und zugleich – oder auch dennoch – auf Akzeptanz stoßen. Die Schlüsse, die vom analogen Fall auf das aktuelle Problem gezogen werden, werden modellhaft dargestellt und anhand von Experteninterviews überprüft und vertieft.

Eine Abgrenzung der Case-based Evidence gegenüber einfachen Analogieschlüssen ist die Verfügbarkeit eines Prozessmodells für ihre Anwendung. Über diesen algorithmischen Ansatz kann in gewissem Maß eine Unabhängigkeit von den die Methode anwendenden Personen – im Sinne einer Personenneutralität – erzielt werden (Abb. 4.1).

4.1 Formulierung der Forschungsfrage

Die sogenannte „Forschungsfrage" adressiert – landläufig ausgedrückt – „das, was man wissen möchte, aber noch nicht weiß", also in welche Richtung ein Forschungsprojekt, eine Untersuchung oder auch ein Experiment laufen soll.

Jeder Untersuchung mit akademischem Anspruch, auch jeder wissenschaftlichen Forschung, liegt eine Frage zugrunde, die die zu schließende Wissenslücke benennt. Die

© Springer Fachmedien Wiesbaden 2016   33
M. Schumacher, G.R. Hofmann, *Case-based Evidence – Grundlagen und Anwendung*,
DOI 10.1007/978-3-658-10613-3_4

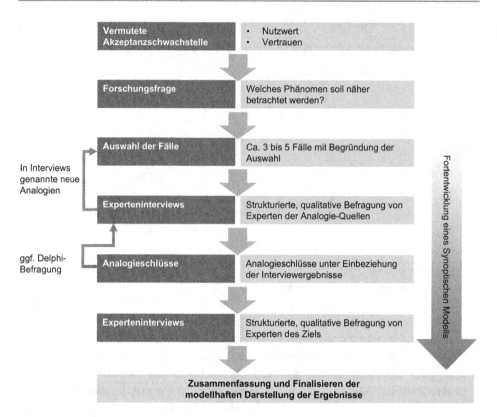

Abb. 4.1 Prozess für Anwendung der Methode Case-based Evidence

Formulierung dieser Forschungsfrage hilft gleichzeitig, eine Strategie zu entwickeln, die letztendlich zur Wahl einer geeigneten Untersuchungs- oder Forschungs-Methode führt [1]

Dabei sind mehrere Aspekte zu unterscheiden.

1. Eine Forschungsfrage kann Aktivitäten sehr verschiedener *Komplexität* nach sich ziehen. Es kann vorkommen, dass eine Forschungsfrage fast trivial zu beantworten ist, etwa durch eine einfache Messung. Eine Frage der Art „Wie hoch ist der Blutdruck des Patienten?" wäre hier einzuordnen. Die Einfachheit der Fragestellung lässt allerdings nicht darauf schließen, dass die Antwort ebenfalls einfach zu finden ist, wie das Beispiel „Warum leuchtet die Sonne?" zeigt – zwischen erstmaliger Fragestellung und einigermaßen zufriedenstellender Beantwortung liegen viele Jahre der Suche nach physikalischen Erklärungsmodellen.

2. Forschungsfragen können in einem Forschungskontext *Serien oder Parallelen* bilden. Dies ist zum Beispiel der Fall, wenn in einem akademischen Kontext zu einem bestimmten Fachgebiet oder nach Maßgabe einer bestimmten methodischen Vorgabe eine ganze Reihe dahingehend verwandter Fragen adressiert werden und ihre

Beantwortung versucht wird. Beispiele hierfür wären Serien-Experimente der Kern-
oder Quantenphysik an einer Großforschungseinrichtung oder auch eine Serie von
Strömungsmessungen an Varianten von Karosseriemodellen in einem Windkanal.

3. Forschungsfragen bilden *Hierarchien*, wenn sich zu einer „großen" Frage weitere
   darunter oder dahinter liegende Folgefragen identifizieren lassen. So hat die Frage
   „Wie lässt sich das Befinden des Patienten verbessern?" die darunter liegenden Fragen
   „Wie hoch ist der Blutdruck, der Blutzuckerspiegel, die Leberwerte?" etc. Der Aspekt
   der sich weiter detaillierenden „Leberwerte" zeigt, dass die Hierarchien durchaus
   mehrstufig sein können.

4. Einige Forschungsfragen sind *sinnlos*, weil es *keine Antworten* auf sie geben kann. Bis
   in die Neuzeit ging man in der Wissenschaft davon aus, dass jede(!) Forschungsfrage
   irgendwann per Erkenntnisgewinn beantwortet werden könne. Dies führte zum Optimismus HEGELS, das Universum könne sich der Kraft der dialektischen Erkenntnis des
   menschlichen Geistes nicht wiedersetzen, oder zum Optimismus HILBERTS, der noch um
   1900 seinen Katalog der zu lösenden „restlichen" mathematischen Probleme
   formulierte. Dieser erkenntnistheoretische Optimismus wurde durch GÖDEL relativiert,
   der Unmöglichkeit der Ableitung von gewissen Aussagen in formalen Systemen
   zeigte: Es gibt Aussagen, die man formal weder beweisen noch widerlegen kann.
   Eine der Folgen der Quantenmechanik HEISENBERGS wiederum ist die Erkenntnis,
   dass sich das Eintreten von gewissen physikalischen Ereignissen nicht mehr mit der
   gewohnten mechanischen Sicherheit, sondern nur mit einer Wahrscheinlichkeit prog-
   nostizieren lassen [2, 3].

Für BLOCH ist eine Forschungsfrage – nicht zuletzt nach Maßgabe des vorigen vierten
Aspekts – eine vorläufige Annahme im Sinne einer Arbeits-Hypothese: Die bereits
vermutete Lösung und Erklärung ist Teil der gestellten Forschungsfrage. Mit dieser
Annahme wird eine Untersuchung bereits methodisch ausgerichtet, ein Teil der
Erkenntnis wird – quasi notwendigerweise – vorweggenommen. BLOCH empfiehlt kon-
sequenterweise, welche Frage man stelle, sollte man sich gut überlegen. Der erste Schritt
jeder Forschung ist die Frage; forschen heißt daher, sich fragend zu verhalten, so Bloch im
Aufsatz „Über Fiktion und Hypothese" [4].

Für die Benennung einer konkreten Forschungsfrage ist es daher unumgänglich, „das
Problem" mit einem ganzen Bündel – siehe obige Aspekte „2." und „3." – an Fragen auf
die wesentlichen Elemente zu reduzieren und zu strukturieren. Um in endlicher Zeit zu
einem Forschungsergebnis zu gelangen, werden einige Aspekte in den Vordergrund
gestellt und andere in den Hintergrund gerückt beziehungsweise ausgeklammert werden
müssen [5].

Die Eingrenzung der Fragestellung ist die wichtigste Grundlage für das Finden
geeigneter Analogien. Denn nur wenn die Forschungsfrage exakt die für die Akzeptanz
vordringlichste Wissenslücke adressiert, können analoge Fälle im Rahmen der Case-
based Evidence gesucht und gefunden werden, bei denen diese Wissenslücke möglichst
exakt, präzise und adäquat bereits geschlossen wurde.

Die Gefahr bei einer weniger exakt-präzisen Frageformulierung ist, dass am Ende der Untersuchung eine zu große Menge verschiedener Informationen vorliegt, die jedoch keine eindeutigen oder wenigstens brauchbaren Schlüsse auf das Analogieziel zulassen.

4.2   Identifikation relevanter Analogiekomponenten

Um geeignete Analogien finden zu können, müssen zunächst der gegebene Fall – das Analogieziel – und das zu lösende Problem genauer betrachtet werden: Hier gilt es, die Komponenten ausfindig zu machen, die auf das zu lösende Problem den vermutlich größten Einfluss haben.

Relevante Analogiekomponenten können in

– den Eigenschaften des zu betrachtenden Falls,
– der Beziehung von Eigenschaften,
– der Nutzergruppe oder
– der Beziehung der Nutzergruppe zu Komponenten des Falls

zu finden sein. Leider ist keine algorithmische Lösung – ein Patentrezept – bekannt, wie eine tragfähige Analogie treffsicher gefunden werden kann. Eine Analogie wird sich jedoch nur dann als tragfähig erweisen, wenn sie auf relevanten Analogiekomponenten basiert. Hierzu sollten folgende Fragen gestellt werden:

Welche Faktoren haben vermutlich den größten Einfluss auf die Akzeptanz?
Die Beantwortung dieser Frage ist von zentraler Bedeutung, denn „gute" Analogien, aus denen etwas für das zur Debatte stehende Analogieziel gelernt werden kann, haben genau dieses akzeptanzkritische Problem bereits gelöst. Doch wie kann man die größten und kritischsten Einflussfaktoren und Beziehungen zwischen Einflussfaktoren für die Akzeptanz identifizieren?

Bei bereits am Markt bestehenden Produkten oder laufenden Projekten ist es etwas einfacher, an die Einflussfaktoren heranzukommen. Hier können zu den eigenen Überlegungen Hinweise aus Rezensionen, aus der Presse oder auf anderem Weg geäußerte Meinungen aufgenommen werden.

Im Planungs- oder Entwicklungsstadium von Produkten oder Projekten ist es etwas schwieriger, die spätere Akzeptanz einzuschätzen und deren Einflussfaktoren zu benennen. In diesem Fall wird eine Vermutung geäußert, welche Faktoren eine relevante Rolle spielen. Orientierung auf der Suche nach kritischen Akzeptanzfaktoren können Modelle von Akzeptanzfaktoren geben, wie in Abb. 4.2 beispielsweise in Anlehnung an das Adoptionsmodell von LITFIN [6].

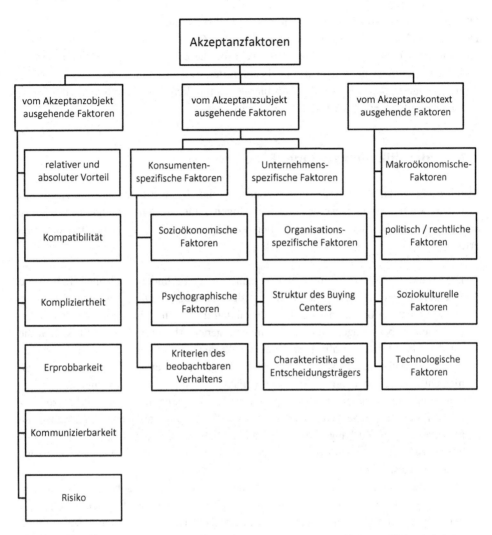

Abb. 4.2 Einteilung der Akzeptanzfaktoren nach vom Akzeptanzobjekt, -subjekt und -kontext ausgehenden Faktoren

Wodurch ist das Analogieziel gekennzeichnet?
Neben den kritischen Positionen wird nach Strukturen gesucht, die typisch für diesen Fall sind. Welches Zusammenspiel von Akzeptanzobjekt, -subjekt und -kontext besteht in diesem Fall? Es wird versucht herauszuarbeiten, was charakteristisch für dieses Zusammenspiel ist, um vom konkreten Fall zu abstrahieren. Zu den Charakteristika gehören auch „Nebenwirkungen", die das Analogieziel mit sich bringt und die damit verbundene Frage nach Strukturähnlichkeiten.

Welches Problem soll mit dem Analogieziel gelöst werden?

Der Blick auf das zu lösende Problem verfolgt das Ziel, den Fokus auf „Welche Akzeptanz soll erreicht werden?" und weg vom „Wie soll diese erreicht werden?" zu lenken. Je abstrakter die Frage nach dem „Was" beantwortet werden kann, umso besser wird es später gelingen, strukturell ähnliche Probleme aus möglicherweise vollkommen anderen Bereichen – also „ferne" Analogien – zu identifizieren.

4.3   Identifikation analoger Fälle

Mithilfe der gefundenen Analogiekomponenten und der abstrakten Formulierung des Problems kann begonnen werden, nach analogen Fällen – den Analogiequellen – zu suchen. Die Suche nach analogen Fällen kann grundsätzlich aus zwei Perspektiven erfolgen:

– Die **Strukturanalogie** hat ihren Schwerpunkt im Wiederfinden von Eigenschaften und Strukturen der Ausgangssituation in der Analogie. Diese Analogieform ist insbesondere bei bereits bestehenden Produkten und Dienstleistungen oder laufenden Projekten zu bevorzugen. Wie im vorangegangenen Abschnitt dargestellt, stellen die für die Akzeptanz als kritisch erachteten Faktoren des Analogieziels den Ausgangspunkt der Suche dar. Es sollte also nach Fällen gesucht werden, die eine Ähnlichkeit hinsichtlich der benannten kritischen Faktoren aufweisen und die daraus resultierenden, erwarteten Akzeptanzprobleme bereits gelöst haben. Da die Akzeptanz eines Produktes, einer Dienstleistung oder eines Projektes unter Umständen an mehreren Attributen hängt, ist es empfehlenswert zu den Komponenten eines Falls, die als besonders relevant für die Akzeptanz eingestuft werden, jeweils eine eigene Analogie zu suchen.
– Die **Zielanalogie** fokussiert darauf, welches Ziel mit dem gegebenen Fall erreicht werden soll. Es wird also nach einer Art „Vorbild" gesucht, das das Ziel, welches mit dem gegebenen Fall erreicht werden soll, bereits erreicht hat [7]. Dieses Ziel sollte in unterschiedlichen Abstraktionshöhen beschrieben werden, sodass sowohl nahe als auch ferne Analogien adressiert werden können. Diese Analogieform eignet sich besonders für sich in der Planung befindende Projekte oder für die innovative Produktentwicklung.

In vielen Fällen wird der Anwender der Case-based Evidence bereits durch eine gute Formulierung der relevanten Analogiekomponenten zu geeigneten analogen Fällen geleitet. Sollte dies nicht auf einfachem direkten Weg gelingen, gibt eine Reihe von Strategien aus dem Bereich der Kreativitätstechniken, die die Wahrscheinlichkeit, geeignete Analogien zu finden, erhöhen können. Ein weitverbreitetes und beliebtes Instrument zum Finden neuer Ideen und Lösungen in der Gruppe, ist das Brainstorming. Zum Finden von Analogien mithilfe von Brainstorming werden zu den im vorangegangenen Schritt identifizierten relevanten Komponenten des gegebenen Falls freie Assoziationen formuliert. Diese basieren auf einzelnen Phänomenen und Eigenschaften, Zusammenhängen oder Nutzergruppen des gegebenen Falls. Es sollen auf diese Weise keine Fälle gefunden werden, sondern nur „ähnliche Einzelbausteine". Eine Bewertung der Assoziationen findet erst im zweiten Schritt statt.

Brainstorming

Das Brainstorming ist eine Kreativitätstechnik, die oft, aber nicht ausschließlich in einer Gruppe durchgeführt wird; die Methode wurde von OSBORN 1939 erfunden [8]. Ziel des Brainstormings ist es, durch freies Assoziieren neue Denkanstöße zu erhalten. Es ist sinnvoll, eine möglichst heterogene Gruppe zusammenzustellen, sodass der Input aus unterschiedlichen Perspektiven kommt. Für das Brainstorming gelten folgende Regeln [9]:

– Jede Idee soll unabhängig davon geäußert werden, ob sie korrekt und realistisch ist.
– Die Bewertung der Ideen, also Kommentare, Kritik oder Korrekturen sind nicht erlaubt.
– Ideen anderer Teilnehmer dürfen aufgegriffen und weiterentwickelt werden.
– Vorschläge dürfen nicht reglementiert werden.

In der Regel wird ein Moderator benannt, der in das Thema einführt, darauf achtet, dass sich die Gruppe möglichst ausgewogen beteiligt und nicht vom Thema abschweift. Er bestimmt auch das Ende des Brainstormings. Um die genannten Äußerungen festzuhalten, wird zudem ein Protokollführer bestimmt, der selbst nicht kreativ mitarbeitet. Die Ideen werden üblicherweise so dokumentiert, dass sie von den anderen Teilnehmern gesehen und im Verlauf wieder aufgegriffen werden können (zum Beispiel am Flipchart).

Einige Hinweise zur Bildung von Analogien wurden auch in Kap. 2.2.2 *Analogien und Ähnlichkeiten* gegeben.

4.4 Recherche-bezogene Aktivitäten

An welcher Stelle im Case-based Evidence-Prozess eine weitere Recherche angebracht ist, hängt maßgeblich davon ab, welche Expertise ad hoc bezüglich des Analogieziels und der Analogiequellen verfügbar ist. Eine Einarbeitung und Recherche kann schon vor und bei der Suche nach analogen Fällen einsetzen. In diesem Fall müssen bereits zum vorgegebenen Analogieziel die Informationen, die über die Allgemeinbildung hinausgehen, recherchiert werden. Wird die Methode hingegen in der betrieblichen Praxis angewendet, ist davon auszugehen, dass die Untersuchenden sich mit dem Analogieziel hinreichend auskennen.

Mit der Recherche und theoretischen Vorüberlegungen sollen sowohl zum Analogieziel, das vorgegeben ist, als auch zu den Analogiequellen alle relevanten Informationen, die „problemlos recherchierbar" sind, recherchiert und dokumentiert werden. Für den Umfang der Recherche gibt es keinen echten Richtwert – ein pragmatischer Ansatz ist, zu vermeiden, dass in den später durzuführenden

Experteninterviews eben keine trivialen Fragen gestellt werden, die mit einfacher Anfrage per Internet-Suchmaschine zu beantworten gewesen wären.

4.5   Ziehen von Analogieschlüssen

Basierend auf relevanten Analogiekomponenten wurden analoge Fälle identifiziert. Nun gilt es, aus den Analogiekomponenten der analogen Fälle Schlüsse auf das gegebene Problem (das Analogieziel) zu ziehen. Hierbei soll zunächst auf zwei hinderliche Aspekte geachtet werden:

1) Es besteht eine gewisse Gefahr, die aus dem Analogieziel bekannten Parameter in den analogen Fällen zu suchen und zu entdecken und sich damit die Bestätigung zu holen, dass es sich um eine „gute Analogie" handelt. Dieses triviale Auffinden von tautologischen Bestätigungen ist jedoch nicht Sinn der Sache,[1] die Aufmerksamkeit sollte selbstverständlich auf den „ungelösten Fragen" – eben den offenen Forschungsfragen – liegen.

2) Die gefundene Analogie darf und sollte nicht „automatisch" per se als zutreffend eingestuft werden. Der Zusammenhang zwischen Analogiequelle und Analogieziel ist – nota bene – nicht-kausal. Die Analogieschlüsse liefern zunächst lediglich Hinweise, um das Problem aus neuen Blickwinkeln zu betrachten; es gibt keine dahinter liegende selbsttragende „grand theory". Inwieweit die Analogie tatsächlich tragfähig ist, lässt sich häufig erst nach den durchgeführten Experteninterviews beurteilen.

Um diesen Hindernissen zu begegnen, sollten die Analogieschlüsse zunächst wie ein Messergebnis oder „ein Befund" betrachtet werden, der auf das Analogieziel zutreffen *könnte*. Es ist relativ uninteressant, *wie* ein Wirkungszusammenhang der Analogiequelle auf das Analogieziel übertragen aussehen würde.

Die zentralen Fragen für die Analogieschlüsse sind dahin gehend, welches Ergebnis von welchen Rahmen- und Randbedingungen abhängt, wo die Unterschiede in den Bedingungen von Analogiequelle und -ziel liegen und ob auf die Unterschiede Einfluss genommen werden kann?

---

[1] Dies entspräche einer Beantwortung einer Forschungsfrage mit der platten Antwort, dass es „die anderen Leute" auch nicht wissen, womit per definitionem keinerlei Erkenntnisfortschritt zu erzielen ist.

4.6   Synoptische Modellbildung

Eine wesentliche Komponente der Case-based Evidence ist die Bildung eines
„synoptischen Modells". Es wird auf der Basis von den in den Analogiequellen
gefundenen Komponenten erstellt, die auf das Analogieziel übertragbar sind. Mit diesem
synoptischen Modell wird die Absicht verfolgt, die identifizierten kritischen Faktoren der
Akzeptanz eines Systems oder Verfahrens darzustellen.

Dem Begriff und Gegenstand eines „Modells" kommen in verschiedenen wissenschaftlichen Kontexten unterschiedliche Bedeutungen zu, daher sollen die beim
synoptischen Modell der Case-based Evidence zur Anwendungen kommenden Prinzipien
im Folgenden – soweit erforderlich aus wissenschaftstheoretischer Sicht – erläutert
werden:

Modelle dienen erstens zur Vereinfachung komplexer Strukturen und zweitens zur
Veranschaulichung abstrakter Strukturen und erfüllen somit eine wichtige und allgemein
akzeptierte Rolle zur [10].

– Konstruktion von Theorien,
– Anwendung und Prüfung von Theorien,
– Vermittlung zwischen Theorie und Realität,
– Aufbereitung von Daten,
– Wissensvermittlung und
– zum Verständnis abstrakter Theorien und Prozesse.

Einem Modell kommt als theoretischem Konstrukt die Funktion zu, die wesentlichen
Eigenschaften eines Systems abzubilden, indem eine Menge von Annahmen hierüber
getroffen wird. Damit dient das Modell als Bezugsrahmen für Handlungen und
Entscheidungen sowie als Kommunikationsbasis. Dem Modell kann nicht die Aufgabe
zukommen, die untersuchte Struktur vollständig(!) zu beschreiben, sondern lediglich
Annahmen zu treffen, um das Wesen der untersuchten Strukturen quasi „bestmöglich"
abzubilden.

Modellbasierte Entscheidungsgrundlagen und Handlungsempfehlungen sind für Aka-
demiker, Praktiker und Wissenschaftler omnipräsent und essenziell. Man könnte gar
formulieren, dass „der Mensch in Modellen denkt". Im Rahmen der Case-based Evidence
wird für das synoptische Modell eine Reihe von Modelleigenschaften zugrunde gelegt.

Es sind drei Eigenschaften im Sinne positiver Komponenten zu nennen, die ein Modell
zu leisten hat:

(A) **Abstraktheit**: Das Modell ist „einfacher" als die von ihm dargestellte Realität. Es
     nimmt ex-post und summarisch Eigenschaften der Realität auf. Das Modell hat eine
     illustrierende Wirkung, es werden nur die wesentlichen Elemente der Analogien
     (möglichst effizient und damit knapp) geschildert.

(B) **Funktionalität**: Das Modell hat prädiktive und prognostische Eigenschaften; es sind auf der Basis des Modells ex-ante Aussagen möglich, was mit neuen Fällen und Instanziierungen zu geschehen hat oder wie mit diesen zu verfahren ist. Modelle müssen sich dahingehend „bewähren",[2] dass sie funktional sind. Interpretierte Modelle können als modellhafte Handlungsanweisung verstanden werden.

(C) **Vermittelbarkeit**: Das Modell ist lehrbar und für die, die es betrifft, verständlich. Dies ist im Rahmen akademischer Wissensvermittlung eigentlich eine Trivialität, da ein (völlig) unverständlicher Lehrgegenstand sinnlos wäre.

Demgegenüber stehen drei weitere Modell-Eigenschaften im Sinne negativer Komponenten, was für ein Modell zu vermeiden wäre:

(D) **Tautologien**: Das Modell kann Aussagen oder Empfehlungen enthalten, die entweder immer gelten, oder aber nie gelten, oder per se unzutreffend oder unerfüllbar sind. Solche überflüssigen tautologischen Komponenten wären im Sinne einer rationalen minimalen Theorie nicht effizient und schlechthin „unwissenschaftlich".

(E) **Antinomien**: Das Modell kann widersprüchliche Aussagen enthalten, etwa Zielkonflikte formulieren. Das widerspruchsfreie Modell ist ebenfalls eine Grundlage rationaler Theorienbildung.

(F) **Lückenhaftigkeit**: Das Modell kann – speziell im Hinblick auf seine Funktionalität – Lücken enthalten, die eventuell ergänzt werden können, um zu einem „bewährteren" Modell zu gelangen. Lückenhafte Modelle sind somit eine Basis für die Erlangung von Modellen besserer Funktionalität, wodurch sich in aller Regel ihre Komplexität erhöht, zulasten der Abstraktion und der Vermittelbarkeit.

▶ **Definition** Das synoptische Modell (gr.: συνόψις, zusammenschauen beziehungsweise gemeinsam schauen) der Case-based Evidence ist eine über den oben dargelegten Modellbegriff hinausgehende im Speziellen zusammenfassende(!) und vergleichende(!) Übersicht und Gegenüberstellung der – in gewissem Sinne „gleichartiger" – Analogiekomponenten.

4.7   Serie qualifizierter Experteninterviews

Zur Verifizierung der Case-based Evidence werden in einem nächsten Schritt strukturierte Interviews mit ausgewählten Experten durchgeführt, die fachlich im Bereich der Analogiequellen und des abgeleiteten synoptischen Modells ausgewiesen sind. Dies dient dem Zweck, die Analogieschlüsse von Experten bewerten und vertiefen zu lassen. Dieser Schritt ist für die Nutzung von Analogien essenziell. Von einer Person, die das

---

[2] Dies kann auch im Sinne der „Bewährtheit" von Theorien in Sinne des Kritischen Rationalismus verstanden werden.

Analogieziel gut kennt, können zwar die für die Akzeptanz relevanten Analogiekomponenten erkannt und strukturähnliche Fälle vermutet werden, das tiefergehende Wissen über die analogen Fälle wird aber nur bis zu einem gewissen Grad vorhanden und nicht unbedingt „aus der Ferne" zu diagnostizieren sein. Hier sollen Experteninterviews eben dieses tiefergehende Wissen zu Tage fördern und die nötigen Erkenntnisse liefern.

Nach den Experteninterviews mit Vertretern der Analogiequellen kann es zu weiteren Analogieschlüssen kommen, da die Erkenntnisse aus den Interviews Parallelen zum gegebenen Fall aufzeigen, die bisher noch nicht gesehen wurden. Die neuen Ansätze, die durch Interviews mit Vertretern der „Analogiequelle" zu Tage gefördert werden, sollten wiederum mit Vertretern des Analogieziels diskutiert werden. Dies ist insbesondere dann zu empfehlen, wenn die Case-based Evidence Untersuchung von „neutraler Stelle" – also weder durch einen Vertreter der Analogiequelle noch des Analogieziels – durchgeführt wird.

In größer angelegten Case-based Evidence-Studien können auch mehrere Schleifen von Interviews mit Vertretern des Analogieziels durchgeführt werden, in denen die Experten mit den Meinungen anderer Experten konfrontiert werden. Diese „Delphi-Befragungen" haben das Ziel, einen Konsens unter den Experten herbeizuführen.

Hintergrund
Die Delphi-Befragung, die ihren Namen von der antiken Orakelstätte im griechischen Ort Delphi hat, wurde von der US-amerikanischen RAND Corporation in den 50er-Jahren, zunächst für die Planung strategischer Waffensysteme, entwickelt. Ziel einer Delphi-Befragung ist die Lösung von sehr komplexen oder in der Zukunft liegenden Problemen oder der Prognose von Entwicklungen und Trends [11]. Es handelt sich bei dieser Methode um eine mehrstufige Befragung von Experten mit Rückkopplung. Die Befragung erfolgt in der Regel in vier Befragungsrunden, sogenannten „Wellen". Nach jeder Welle werden die Meinungen verdichtet und gegenübergestellt. Dabei bildet sich mit der Zeit ein von mehreren Experten für realistisch empfundener „Mainstream" heraus. Die aufbereiteten Ergebnisse jeder Befragungswelle werden allen Experten zugesandt. Durch die Kenntnis der Gruppenmeinung sollen so die Experten ihre eigenen Antworten noch einmal überdenken und den Fragebogen in der nächsten Welle erneut ausfüllen [12]. Am Ende mehrerer Befragungswellen steht im Idealfall ein Konsens der Expertenmeinungen oder zumindest stehen sich klar abgrenzbare Meinungen gegenüber.

Auswahl der Experten
Ziel der Experteninterviews ist es explizit nicht, eine Umfrage mit repräsentativen Ergebnissen durchzuführen. Der Wert dieser Methode liegt vielmehr darin, in wenigen Interviews qualitativ hochwertige Hinweise bei zeitlich und ökonomisch relativ geringem Aufwand zu erlangen. Eine relativ geringe Anzahl von Interviews (typischerweise $n < 12$) ist demnach ausreichend, wenn bei der Auswahl der Gesprächspartner darauf geachtet wird, möglichst verschiedene Perspektiven abzubilden.

Da es oftmals nur schwer zu beurteilen ist, ob eine Person tatsächlich ein Experte auf seinem Gebiet ist, kann die Auswahl der zu befragenden Personen lediglich auf einer „Expertenvermutung" (s. Abschn. 1.2) beruhen. Als Experte für Case-based Evidences kommen jedoch nicht nur allgemein anerkannte Branchenexperten in Frage. Um die Frage nach Zusammenhängen und Auswirkungen zu beantworten, können diejenigen Auskunft geben, die mit den betreffenden Vorgängen regelmäßig zu tun haben, also das ungefilterte Kundenfeedback erleben oder Ähnliches. Es kann also durchaus sinnvoll sein, zu einem Fall mehrere Experten zu befragten, die Antwort auf sehr spezifische Teilaspekte geben können.

▶ **Tipp**

Da die Strukturen im Bereich der Analogiequelle den Interviewenden nicht unbedingt klar sein müssen, empfiehlt es sich, die Interviewserie mit den Personen zu beginnen, bei denen der „soziale Kredit" am größten ist. Zum einen hat die „Unkenntnis" über die Materie der Analogiequelle (die mit der Anzahl der Interviews geringer wird) dann einen deutlich geringeren negativen Einfluss auf den Gesprächsverlauf. Zum anderen können diese ersten Gesprächspartner auch leichter danach gefragt werden, wen sie als weitere relevante Personen in diesem Kontext (von ihrer Funktion her oder auch namentlich bekannt) einstufen würden.

Erstellung eines Interview Leitfadens

Zur besseren Strukturierung der einzelnen Interviews empfiehlt es sich, einen Interview-Leitfaden zu entwickeln. Er stellt eine Art Fahrplan des Vorgehens dar und gliedert die Themen und Unterthemen, über die im Verlauf des Interviews gesprochen werden soll. Dieser Leitfaden dient in erster Linie dazu, keine wichtigen Themen zu vergessen. Der Interviewer kann den Leitfaden allerdings auch abhängig vom jeweiligen Gesprächsverlauf jederzeit anpassen. So können sich Fragen im Verlauf des Interviews erübrigen oder sich die Reihenfolge ändern, wenn dies dem Redefluss des Gesprächspartners entgegenkommt.

Durchführung der Interviews

Die Durchführung der Befragung kann entweder persönlich oder telefonisch erfolgen. Eine mündliche Befragung via Telefon wird dabei in der Regel aufgrund des begrenzten zeitlichen Untersuchungsrahmens und der relativ hohen Rücklaufquote als effizienteste Befragungsmethode bevorzugt [13]. In einschlägigen Untersuchungen wurde zudem herausgefunden, dass sich die Befragten, im Vergleich zu persönlichen („face-to-face") Erhebungen, stärker konzentrieren. Es treten weniger verfälschte Antworten auf und heikle Fragen werden ehrlicher beantwortet [14]. Letztendlich hängt die Frage, ob das Interview telefonisch oder persönlich durchgeführt wird, aber auch davon ab, wie der Kontakt zum Interviewpartner zustande kam – ob er gar persönlich bekannt ist, wo er sich geografisch befindet oder auch mit welchem Format sich der Interviewende wohler fühlt.

Anmerkung zu schriftlichen Experteninterviews

Häufig werden, insbesondere zu Trendforschungszwecken, von großen Beratungshäusern grob angelegte, repräsentative Expertenbefragungen schriftlich durchgeführt. Für die Verifizierung von Analogien ist von schriftlichen Interviews jedoch abzuraten. Zum einen wird die Ausführlichkeit der Antworten mit dem Aufwand des Schreibens abnehmen. Zum anderen werden Unklarheiten in der Frageformulierung oder Unklarheiten im synoptischen Modell nicht beseitigt. Die Interviews im Rahmen der Case-based Evidences dienen der Übertragung des tiefergehenden Wissens aus dem Bereich der Analogiequelle auf das Analogieziel. Der Interviewende sollte daher die Möglichkeit haben, bei den gegebenen Antworten nachzuhaken und „tiefer zu bohren", was in schriftlichen Interviews nur mit viel Aufwand und mehrfachem Schriftwechsel möglich ist. Zudem bleiben Themen, an die bei der Leitfadenerstellung nicht gedacht wurde, außen vor. Was jedoch, nach der Erfahrung der Autoren, gerne gesehen wird, ist, dass der Interviewleitfaden vor dem Gespräch den Interviewpartnern zugeschickt wird, sodass sich der Interviewpartner auf das Gespräch vorbereiten kann.

4.8   Ergebnisdarstellung und Handlungsempfehlungen

Im letzten Schritt werden die Ergebnisse der Analogieschlüsse und Experteninterviews zusammengefasst und geeignete Empfehlungen abgeleitet. Zur anschaulichen Darstellung der Ergebnisse ist es hilfreich, das synoptische Modell, welches auf Basis der Analogieschlüsse erstellt wurde, weiterzuentwickeln und die wichtigsten Ergebnisse aller Untersuchungsschritte darzustellen.

Die Handlungsempfehlungen können in der Regel nach Themenfeldern zusammengefasst werden, die zeigen, an welchen Stellschrauben gedreht werden müsste, um die Akzeptanz des Produktes, der Dienstleistung oder des Projektes zu erhöhen. Pro Bereich werden die hauptverantwortlichen Einflussfaktoren sowie eine Einschätzung, mit welchem Aufwand eine Umsetzung erfolgen kann, benannt. Dem vorangestellt werden kann zudem eine Gliederung nach Adressaten – also denjenigen, die für eine Umsetzung der Empfehlungen hauptverantwortlich wären.

Im Rahmen dieser Ausarbeitung können Fragen der Bewertung von Handlungsempfehlungen nicht weiter behandelt werden. Die dahinter liegende Frage, welche der Handlungsalternativen nach Maßgabe des maximalen Nutzwertes in einer rational-ökonomischen und nachvollziehbaren Entscheidung bevorzugt werden sollte, stellt ein separates Problem dar.

Literatur

1. Gläser J, Laudel G (2006): Experteninterviews und qualitative Inhaltsanalyse: als Instrumente rekonstruierender Untersuchungen. VS Verlag für Sozialwissenschaften; 2. durchgesehene Auflage, Wiesbaden.

2. Heisenberg W (1969): Der Teil und das Ganze: Gespräche im Umkreis der Atomphysik, Piper Verlag GmbH, München.
3. Hofstadter D R (1991): Gödel, Escher, Bach: ein Endloses Geflochtenes Band. Klett-Cotta, Deutscher Taschenbuch Verlag, München.
4. Bloch E (1969): Gesamtausgabe. Band 10: Philosophische Aufsätze zur objektiven Phantasie. Suhrkamp Verlag, Frankfurt am Main.
5. Flick U (1991): Stationen des qualitativen Forschungsprozesses. In: Flick U, von Kardoff E, Keupp H, von Rosenstiel L, Wolff S: Handbuch qualitative Sozialforschung: Grundlagen, Konzepte, Methoden und Anwendungen. Beltz – Psychologie Verl. Union, München.
6. Litfin T. (2000), Adoptionsfaktoren – Empirische Analyse am Beispiel eines innovativen Telekommunikationsdienstes, Deutscher Universitäts-Verlag, Wiesbaden.
7. Horton G: Bessere Ideen finden mit der Zielanalogie. Abrufbar unter: http://www.zephram.de/blog/ideenfindung/ideen-finden-zielanalogie/, abgerufen am 03.08.2015.
8. Clark C H (1989): Brainstorming: How to Create Successful Ideas. Wilshire Book Company, Chatsworth, CA.
9. Förtsch G, Meinholz H (2014):Handbuch betriebliches Umweltmanagement, Springer Spektrum, Wiesbaden.
10. Mittelstraß J (Hrsg.) (2004): Enzyklopädie Philosophie und Wissenschaftstheorie, Bd. 2: Artikel Modell., Metzler, J B, Stuttgart, Weimar.
11. Scholl A. (2003): Die Befragung, UVK Verlagsgesellschaft mbH, Konstanz.
12. Dannenberg M., Barthel S. (2004): Effiziente Marktforschung, Wirtschaftsverlag Carl Ueberreuter, Frankfurt, Wien.
13. Koch J (2009): Marktforschung, 5. überarbeitete und erweiterte Auflage Ausgabe, Oldenbourg Verlag, München.
14. Berekoven L, Eckert W, Ellenrieder P (2006): Marktforschung. 11. Auflage, Betriebswirtschaftlicher Verlag Dr. Th Gabler I GWV Fachverlage GmbH, Wiesbaden.

Case-based Evidence – einige Fallbeispiele aus der Praxis der angewandten Forschung

5

Zusammenfassung

In diesem Kapitel wird das Vorgehen bei der Anwendung der Methode Case-based Evidence mit Hilfe von realen Fallbeispielen dargestellt. Auf diese Weise können die einzelnen Schritte von der Formulierung der Forschungsfrage bis hin zu den gegebenen Handlungsempfehlungen praxisnah nachvollzogen werden. Mit diesen Fallstudien soll insbesondere das methodische Vorgehen dargestellt und illustriert werden. Die jeweiligen fachlichen Ergebnisse sind zusammengefasst und gekürzt dargestellt.

Einem der gängigen Ondits zufolge tut man sich im akademischen Leben leichter, aus drei sinnvollen Beispielen eine einigermaßen brauchbare Theorie abzuleiten, als nach Maßgabe einer gegebenen Theorie drei sinnvolle Beispiele abzuleiten. In diesem Abschnitt der Ausführungen sollen daher einige Studien und Arbeiten vorgestellt werden, die auf der Anwendung der Case-based Evidence basieren. Die Verfasser berichten hier quasi aus „erster Hand", denn die Beispiele sind sämtlich im Umfeld des Information Management Instituts (IM) an der Hochschule in Aschaffenburg entstanden. Die jeweiligen Studien zur

  I. Akzeptanz von Cloud Computing,
 II. Akzeptanz des Recyclings von IT-Endgeräten, speziell Mobiltelefonen,
III. Akzeptanz der Elektromobilität im Bereich von Spezialfahrzeugen,
IV. Akzeptanz von Fahrassistenzsystemen,
 V. Akzeptanz des „GovData"-Portals des Bundesinnenministeriums
VI. sowie einige weitere Beispielen zu nützlichen Analogieschlüssen.

sollen vorgestellt werden.

© Springer Fachmedien Wiesbaden 2016
M. Schumacher, G.R. Hofmann, *Case-based Evidence – Grundlagen und Anwendung*,
DOI 10.1007/978-3-658-10613-3_5

Die dargestellten Fallbeispiele dienen der Illustration und damit der besseren Nachvollziehbarkeit der in Kap. 4 dargestellten einzelnen Schritte der Case-based Evidence. Der Nachvollziehbarkeit besonders Rechnung tragend liegt das Hauptaugenmerk darauf, zu vermitteln, welche Einzelschritte in welcher Reihenfolge und aus welchem Grund erfolgten. Die eigentlichen fachlichen Ergebnisse der jeweiligen Fallbeispiel-Studien werden mitgeteilt, sind aber stark gekürzt. Ferner ist anzumerken, dass einige der dargestellten Fallbeispiele vom methodischen Ansatz her nicht vollständig sind: Bei einigen der Fälle wurde etwa auf die Durchführung von Experteninterviews verzichtet, da man der Ansicht war, dass die Formulierung des ersten synoptischen Modells bereits einen hinreichenden Erkenntnisgewinn darstellt.

5.1   Akzeptanz von Cloud Computing

Die „Studie zur Akzeptanz des Cloud Computing" entstand in ihrer ersten Auflage im Sommer 2012 [1] in Kooperation des Information Management Instituts (IMI) der Hochschule Aschaffenburg mit dem Verband EuroCloud Deutschland_eco e. V. und wurde im Sommer 2013 in Form einer zweiten überarbeiteten und ergänzten Auflage fortgeführt [2]. Der operative Kern der jeweiligen EuroCloud-Publikationen bestand aus studentischen Seminararbeiten. [3, 4]

In den Jahren 2012 und 2013 war die Diskussion um die Entwicklung der Akzeptanz und des Marktes für Cloud Computing von technischen Fragestellungen dominiert. Die Bedenken, sich in einem unsicheren Rechtsraum zu bewegen und die Kontrolle über die eigenen Daten zu verlieren, schienen das Vertrauen in eine technologisch gute Lösung, trotz deren erkennbarer Vorteile, zunichte zu machen. Von Seiten der Anbieter wurde versucht, den bestehenden Unsicherheiten prospektiver Kunden mit einer Fülle von technischen Informationen zu begegnen. Insbesondere die Themen Datenschutz und Datensicherheit wurden bei jeder Erwähnung von Cloud Computing quasi „automatisch" angesprochen. Diese Taktik der Hervorhebung der kritischen Positionen führte aber wiederum dazu, dass sich die Unsicherheiten bei den angesprochenen potenziellen Kunden eher verstärkten als reduzierten. Dieser Effekt wird noch dadurch verstärkt, dass der Bedarf an einer (cloudbasierten) IT-Lösung vorwiegend in den Fachabteilungen der Unternehmen entsteht und hier vermutlich das für diese Diskussion erforderliche technische Verständnis nur bedingt vorhanden ist.

5.1.1   Formulierung der Forschungsfrage

Die Forschungsfrage im Fall „Akzeptanz von Cloud Computing" adressiert gleichermaßen die beiden für die Akzeptanz hauptverantwortlichen Bereiche Nutzwert und Vertrauen. Zum einen sollte untersucht werden, wie Vertrauen in ein Produkt generiert werden kann, das der spätere (End-) Benutzer technisch kaum versteht beziehungsweise verstehen muss. Welche Faktoren nehmen Einfluss auf die Vertrauensbildung und wie kann Vertrauen systematisch aufgebaut werden? Auf der anderen Seite stellte sich aber auch die Frage, wie der Nutzwert dargestellt werden kann, so dass der wahrgenommene Nutzen die vorhandenen Bedenken klar übersteigt.

5.1.2 Auswahl der Fälle als Analogiequellen

Automobilbranche

Um sich der Frage nach „Vertrauen trotz mangelndem technischen Verständnisses" zu nähern, wurde der Fall „Automobilbranche" ausgewählt. Der Fall stellt insofern ein Paradebeispiel dar, als dass er für den Leser leicht nachvollziehbar zeigt, dass Kaufentscheidungen keineswegs nur rational getroffen werden. Es wird zudem betrachtet, wie „Kapselungen" technischer Funktionen, wie etwa des ABS funktionieren, auf die der Benutzer sich verlässt, ohne weitere Einfluss-, Kontroll- oder Modifikationsmöglichkeiten zu haben. Neben den Kapselungen technischer Funktionen werden auch die juristischer Funktionen, wie etwa die allgemeine Betriebserlaubnis, betrachtet.

Bankenbranche

Eine Branche, in der Vertrauen eine Schlüsselrolle spielt, ist wohl die Bankenbranche. Hier interessiert vor allem, wie Vertrauen signalisiert und gewonnen wird. Näher betrachtet wird die vertrauensbildende Funktion von Rückversicherungen, wie zum Beispiel Sicherungsfonds der Genossenschaften und die Gewährträgerhaftung der Sparkassen.

Verbunde mit IT-Leistungen – am Beispiel der DATEV eG

Der Fall „DATEV eG" wurde als nahe Analogie ausgewählt. DATEV hat als Anbieter von Software für Steuerberater, Wirtschaftsprüfer und Rechtsanwälte eine de-facto-Monopol-Stellung. Da die berufsständische Genossenschaft schon seit über 40 Jahren eine dem Cloud-Modell entsprechenden Software as a Service-Leistungen anbietet, stellt sie ein passendes Untersuchungsobjekt bezüglich vertrauensbildenden Maßnahmen in der Cloud-Branche dar.

Super E10-Kraftstoff

Im Unterschied zu den vorangegangenen Fällen, stellt der Fall Super E10-Kraftstoff eine Art „Gegenbeispiel" dar. Anhand der offensichtlich gescheiterten Einführung des E10-Kraftstoffes in Deutschland sollen die Gründe identifiziert und analysiert werden, die einen negativen Einfluss auf das Vertrauen ausüben. Im Fokus der Untersuchung standen insbesondere die Themen der fehlenden Akzeptanz und des fehlenden Vertrauens durch den Kunden.

5.1.3 Recherche, Analogieschlüsse und Experteninterviews aus dem Bereich der Analogiequellen

Nachdem die zu betrachtenden Fälle bestimmt waren, wurde zunächst hinsichtlich der Forschungsfrage eine Vorab-Recherche durchgeführt. Hierzu wurden Homepages auf Signale der Vertrauensbildung hin analysiert sowie Zeitungsartikel und sonstige redaktionelle Beitrage gesichtet. Dies half insbesondere im Fall „Super E10-Kraftstoff" entscheidend weiter.

Auf Basis der Recherche wurden erste Thesen aufgestellt, welche Maßnahmen sich positiv auf die Vertrauensbildung auswirken und worin der Nutzwert für den Kunden bei den ausgewählten Fällen liegt. Es wurden zudem erste Ideen entwickelt, wie sich diese Erkenntnisse auf Cloud Computing übertragen lassen.

Anschließend wurden Experten aus den jeweiligen Bereichen identifiziert. Bei der Auswahl der Interviewpartner wurden sowohl Personen, die als ausgewiesene Branchenexperten anzusehen sind, als auch Personen, die in direktem Kundenkontakt stehen, benannt. Von Letzteren konnten vor allem tiefergehende Informationen erwartet werden, wie in ihrem jeweiligen Bereich gegenüber den Kunden Vertrauen aufgebaut und kommuniziert wird. Hierzu wurden Autoverkäufer, sowohl für Privatkunden als auch für gewerbliche Kunden, Finanzberater in Banken und Steuerberater interviewt, die in direktem Kundenkontakt stehen. Das Branchenwissen, das insbesondere auch im letzten Analogie-Fall, Kraftstoff E10, von Interesse war, wurde durch Interviews mit Professoren der jeweiligen Fachgebiete oder Vertretern von Verbänden gewonnen. Die durchgeführte Recherche und die geführten Interviews führten zu den im Folgenden dargestellten Analogieschlüssen.

5.1.3.1 Automobilbranche

Die Automobilbranche wurde als Fall ausgewählt, weil die Kunden und Benutzer (die PKW-Fahrer) offensichtlich einem technischen System (dem PKW) vertrauen, das sie technisch kaum verstehen können. Der Benutzer verlässt sich auf Funktionen, wie etwa das Bremssystem (ABS) oder auch Regelungen im juristischen Umfeld, wie etwa die Gültigkeit der allgemeinen Betriebserlaubnis, ohne weitere Einfluss-, Kontroll- oder Modifikationsmöglichkeiten zu haben.

Betrachtet man den Verkaufsprozess eines privaten PKW, so fällt auf, dass dies ziemlich wenig mit den technischen Eigenschaften des Autos zu tun hat. Erreicht der Verkäufer das Ziel, den Kunden für das Produkt zu „begeistern", sind technische Details und auch der Preis eher Nebensache. Der Verkäufer kann durch klare Strategien der Interessensweckung und Begeisterung für das Produkt den Erfolg des Verkaufsprozesses deutlich beeinflussen.

Gewerbliche Kunden indes richten ihr Augenmerk verstärkt auf einen adäquaten Service. Die Bindung und die Kommunikation zum Kunden finden über einen eher rational ökonomischen Prozess statt: Dabei werden mit Dienstleistungen wie Hol- und Bring-Service oder Abwickeln von Finanzierungs- und Leasingverträgen dem Kunden erhebliche Lasten im Zusammenhang mit der Anschaffung von Geschäftsfahrzeugen abgenommen. Darüber hinaus tragen der Hersteller und der Verkäufer eine Mitverantwortung für das einwandfreie Funktionieren des Autos. Die „Mobilitätsgarantie" der Hersteller bringt eine vollumfängliche funktionale Übertragung der Problemlagen auf Dritte, wodurch der Kunde einen starken Zuwachs an Sicherheitsgefühl erlebt.

Dass das Autofahren nicht frei von Risiken ist, zeigt der Blick auf Unfallstatistiken sehr deutlich. Dennoch fährt nahezu jeder Erwachsene in Deutschland regelmäßig mit dem PKW. Der Gedanke, sich einem hohen Unfallrisiko auszusetzen, wird nahezu ausgeblendet. Das Risiko wird in Kauf genommen, weil der Nutzen aus Sicht der Kunden eindeutig überwiegt

Ein weiterer Aspekt der Haftungsverschiebung auf Dritte ist die gesetzlich vorgeschriebene Kfz-Haftpflichtversicherung. Im Schadensfall haftet der Verursacher – bekanntermaßen – nicht privat, sondern die Versicherung tritt ein. Auch dieser Punkt trägt dazu bei, dass der Autofahrer eine Reduktion von Unsicherheiten erfährt.

Eine Voraussetzung für eine reibungslose Einführung eines neuen technischen Produktes ist es, ein möglichst fehlerfreies Produkt auf den Markt zu bringen. Hierdurch werden nicht nur enorme zusätzliche Kosten vermieden, zum Beispiel durch Rückrufaktionen, sondern es erhöht auch das Vertrauen und die Akzeptanz. Bevor ein technisches Produkt wie ein PKW auf den Markt kommt, hat es schon einige – zum Teil gesetzlich geregelte – Prüfprozeduren durchlaufen. Durch eine Vielzahl von Tests werden Fehler vermieden und der Autokäufer wird – im Sinne „vertrauensbildender Maßnahmen" –informiert.

Ein weiter Aspekt, der sich sicherlich positiv auf die Vertrauensbildung auswirkt, ist die Verwendung eines konstanten Vokabulars. Wenn vom Motor, Kofferraum, Lenkrad oder Airbag die Rede ist, so ist dem potenziellen Käufer klar, über welches Teil des Autos gesprochen wird. Natürlich ist das Wissen über die technisch komplexeren Komponenten der Autos bei den Käufern unterschiedlich stark ausgeprägt, dies ändert jedoch nichts an der konstanten Benennung der Teile. Das Antiblockiersystem (ABS) wird markenübergreifend als ABS bezeichnet, so dass eine Unsicherheit, um welche Komponente des Autos es sich handelt, ausgeschlossen ist.

Übertragung auf Cloud Computing

Von zentraler Bedeutung ist das Thema der „Haftungsverschiebung" sicherlich auch für die Cloud Computing-Dienstleistung. Eine Haftungsübernahme und Möglichkeiten zum Abschluss von Versicherungen würden das „gefühlte Risiko" des Käufers erheblich reduzieren.

Zur Risikoreduzierung würden auch gesetzliche Richtlinien für eine sichere Cloud sowie anerkannte Standards und Gütesiegel beitragen. Ein weiterer Vorteil der Festlegung von Standards wäre auch, dass der Kunde den Cloud-Anbieter mitsamt seiner Daten unproblematisch wechseln kann. Die Einhaltung dieser Richtlinien müsste eine neutrale Institution, wie beispielsweise der TÜV, in regelmäßigen Zeitabständen überwachen und bei erfolgreicher Prüfung ein Zertifikat aushändigen.

Als wertvoll für den Vertrauens- und Akzeptanzaufbau wird die Erhöhung des Zeitraums zwischen der Entwicklung und der Einführung neuer Produkte bewertet. Ein ausgereiftes Produkt trägt zur Verbesserung der Akzeptanz bei. Funktioniert ein Produkt nicht richtig beziehungsweise ist es mit Fehlern behaftet, leidet das Vertrauen massiv.

Die Betrachtung „Nutzen versus Risiko" nimmt eine besondere Stellung in der Cloud Computing-Branche ein. Besonders die Themen Datenschutz und Datensicherheit dominieren die öffentlichen Diskussionen. Hier sind in der Tat noch nicht alle Probleme gelöst, so dass dieser Punkt bei besonders sensiblen Daten zum Ausschlusskriterium für Cloud-Dienste werden kann. In der Außenkommunikation von Cloud-Anbietern ist es daher wichtig, den Nutzen von Cloud-Lösungen für die Kunden hervorzuheben und den Kunden nicht mit möglichen Risiken zu verunsichern.

In der Cloud Computing-Branche ist es nicht immer einfach, Emotionen beim Kunden zu wecken. Eine Cloud-Lösung ist für den potenziellen Nutzer beziehungsweise Kunden, im Gegensatz zum Auto, nicht physisch greifbar. Vorteilhaft wäre daher, die Einführung einer (kostenlosen) Testphase, damit der Kunde die Funktionalitäten erleben und so seine Begeisterung geweckt werden kann.

In der IT-Branche, und damit auch im Bereich Cloud Computing, ist die Benutzung eines konstanten Vokabulars nicht durchgängig zu erkennen. Vielmehr wird eine Vielzahl von Begriffen und Abkürzungen aus dem englischsprachigen Raum benutzt, die bei potentiellen Nutzern eher zu Verwirrung und Verunsicherung führen. Infolgedessen wird das Vertrauen von Anwendern eher untergraben. Konsequenterweise sollten identische Dinge anbieterübergreifend auch gleich bezeichnet werden – idealerweise mit verständlichen Begriffen – so dass ein klares Produktverständnis erzeugt werden kann.

5.1.3.2 Bankenbranche

Die Bankenbranche weist in Deutschland einen hohen Anteil an genossenschaftlichen und öffentlich-rechtlichen Instituten auf. Vergleichbar der Automobilbranche werden auch im Bankensektor seitens der Kunden irrationale Entscheidungen getroffen. Laut einer im Jahr 2010 durchgeführten Umfrage des Bankenverbandes hat das Vertrauen in die gesamte Bankenbranche während der Finanzmarktkrise der Jahre 2008 und 2009 stark gelitten, das Vertrauen in die eigene (!) Bank jedoch nicht. Die eigene Bank wird von den Kunden noch immer als seriös wahrgenommen.

Es ist zu vermuten, dass hinsichtlich der Vertrauensbildung der persönliche Kontakt des Beraters zum Kunden („sozialer Kredit"), sowie die vertrauensbildenden Symbole, wie zum Beispiel der Tresor oder das Bankgebäude an sich, eine wichtige Rolle spielen müssen. Außerdem tragen die – scheinbare – Seriosität der Branche, politische Einflüsse und gesetzliche Bestimmungen dazu bei.

Des Weiteren vermitteln diverse Kontrollorgane, wie beispielsweise die Bundesanstalt für Finanzdienstleistungsaufsicht (BaFin), sowie Prüfsiegel ein hohes Maß an Sicherheit. Bei der Bildung von Vertrauen spielen insbesondere die Geschäftsform – in diesem Fall die Genossenschaft – sowie die offene Informationspolitik, d. h. die Transparenz, eine wichtige Rolle. Weiterhin sind die diversen Mechanismen der Einlagensicherung als Schutzmechanismen hervorzuheben.

Übertragung auf Cloud Computing

Das Vertrauen der Kunden in ihre Bank wird häufig auf der persönlichen Kommunikationsebene geschaffen. Aus diesem Grund sollte auch in der Geschäftsbeziehung von Cloud-Anbieter und -Nutzer eine persönliche Gesprächsebene existieren, auf die der Cloud-Nutzer – insbesondere bei komplizierteren Fragen und Problemen – zugreifen kann.

Die Zertifizierung der Cloud-Anbieter mit entsprechenden einheitlichen Prüfsiegeln könnte als Teil einer optimalen Informationspolitik verwendet werden. Dies schafft neben einer hohen Transparenz ebenfalls Vertrauen auf der Kundenseite. Des Weiteren können, nach dem Vorbild der Genossenschaften, Zusammenschlüsse von Cloud-Anbietern in Form von Marktplätzen für spezifische Kundengruppen eine Maßnahme sein, die das Vertrauen enorm fördert. Gesetzliche Richtlinien werden ebenfalls zu dem erhöhten Sicherheitsbefinden des Cloud Computing-Nutzers beitragen.

Öffentliche Garantien vor Verlusten, wie der Einlagensicherungsfonds, dem jede deutsche Bank angeschlossen ist, schaffen Vertrauen. Es könnte darüber nachgedacht werden, ein ähnliches System für die Cloud Computing-Branche zu kreieren, welches die finanziellen Schäden im Falle eines Anbieterausfalls oder Datenverlust abfedert.

Zudem zeigt das Fallbeispiel „Bank", dass das Signalisieren von Seriosität zum Aufbau von Vertrauen beiträgt. Hierzu ist nicht unbedingt ein verspiegeltes Hochhaus notwendig. Ein seriöser Umgang mit dem Kunden lässt sich auch für Cloud-Anbieter bewerkstelligen, indem beispielsweise geschultes Personal in der Hotline eingesetzt wird, ein CRM-System dafür sorgt, dass der Kunde sein Anliegen nicht immer wieder von Neuem schildern muss, Informationen auf der Homepage gut auffindbar sind und dem Kunden gegenüber stets ein freundlicher, angemessener Ton herrscht.

5.1.3.3 Auftragsdatenverarbeitung

Als Beispiel wurde die Organisation der DATEV eG, als Anbieter von Software für Steuerberater, Wirtschaftsprüfer und Rechtsanwälte betrachtet. Da die berufsständische Genossenschaft schon seit über 40 Jahren eine dem Cloud-Modell entsprechende Software as a Service-Leistungen anbietet, stellt sie ein passendes Untersuchungsobjekt bezüglich vertrauensbildender Maßnahmen in der Cloud-Branche dar.

Die Vormachtstellung, die sich DATEV im Bereich IT-Dienstleistung für Steuerberater, Wirtschaftsprüfer und Anwälte herausgearbeitet hat, kann teilweise auf das lange Bestehen der DATEV zurückzuführen sein, denn lang bewährte und anerkannte Produkte werden vom Markt besser aufgenommen. Einen weiteren Beitrag zur Vertrauensbildung wird die Organisation als Genossenschaft leisten, in der die „geschlossene Experten-Kundengruppe" unter sich ist.

Ein weiterer interessanter Faktor ist die frühe Vermittlung des Umgangs mit den DATEV-Produkten. Schon während der Ausbildung an den Hochschulen und Universitäten werden Studenten an DATEV-Produkten geschult.

Die Genossenschaft besticht außerdem durch ihren umfassenden Servicekatalog. Neben den Softwareprodukten bietet DATEV eine umfängliche Unternehmensberatung für ihre Steuerberater an.

Bei auftretenden technischen oder abrechnungsbezogenen Problemen stehen den Steuerberatern Service-Hotlines zur Verfügung. Bei Reklamationen und Anregungen besteht die Möglichkeit, eine kostenlose Hotline zu kontaktieren. Für produktspezifische Anfragen gibt es gebührenpflichtige „Programmservice"-Leitungen. Um die Transparenz der telefonischen Hilfe zu erhöhen, werden durchschnittliche Bearbeitungszeiten für den jeweiligen Störfall veröffentlicht; diese reichen von knapp einer Stunde bis zu zwei Tagen. Um eine schnellere Bearbeitung zu gewährleisten, besteht für den Steuerberater die Möglichkeit, den Eilservice zu kontaktieren. Dieser Service garantiert eine bevorzugte Bearbeitung der Anfrage und ist zusätzlich gebührenpflichtig.

Wie bereits die initiale Internetrecherche und auch die anschließenden Interviews zeigten, wirbt DATEV bewusst nicht mit den Themen Datensicherheit, da es den sorgsamen Umgang mit den Daten und Informationen der Anwender für selbstverständlich hält. Dadurch distanziert sich DATEV aktiv von der aktuellen Debatte um die Sicherheit von Cloud Computing. Beworben wird nur die Funktionalität der Dienstleistungen und nicht die technische Umsetzung mit ihren Sicherheitsmechanismen.

Die DATEV eG wirbt auf ihrer Internetpräsenz hingegen sehr offen mit der 2011 erlangten Zertifizierung nach ISO/IEC 27001:2005. Durch die Gespräche mit Endkunden wurde deutlich, dass solche Zertifikate immer wichtiger werden. Bei Kunden werden etwaige Sicherheitsbedenken durch die Vorlage einer Zertifizierung nach ISO 27001 oftmals beseitigt. Gerade durch die regelmäßigen Kontrollintervalle des Zertifizierungsaudits sei eine dauerhafte Einhaltung der Normen gewährleistet. Früher waren solche Zertifikate eher zweitrangig. Die zunehmenden Nachweispflichten der ordnungsgemäßen Betriebsführung von IT-Systemen erweitern kontinuierlich die Anforderungen auch in weitere Bereiche, wie zum Beispiel den Datenschutz und die vertraglichen Elemente. Prüfsiegel sind jedoch nur vertrauenserweckend solange die Institution anerkannt und die Prüfungskriterien transparent kommuniziert werden.

Übertragung auf Cloud Computing

Das Konzept des sogenannten „Trusted Advisor" kann als Lösungsansatz gesehen werden. Bei diesem Konzept bringt der Berater ein hohes fachliches Wissen in ein Vertrauensverhältnis zwischen ihm und seinem Kunden ein. Aufgabe des Trusted Advisors ist es letztendlich, die Vorstellungen und Ziele des Kunden in einem hohen Maß zu verstehen und sein Handeln entsprechend auszurichten. Weitere Faktoren, welche zur Akzeptanz von Cloud-Diensten beitragen können, sind neben entsprechenden Zusatzdienstleistungen auch das Angebot von Seminaren und Vorträgen. Insbesondere vorwettbewerbliche

Nutzerschulungen können dabei helfen, Unsicherheiten und fehlende kundenseitige Expertise auszugleichen, Ziel ist die Ausbildung eines „Informed Buyers".

Zudem wird eine Zertifizierung des Anbieters für sinnvoll erachtet. Diese ist jedoch – unter Umständen – mit einem erheblichen organisatorischen Aufwand verbunden. Verschiedene Fallbeispiele haben jedoch ergeben, dass dies bei den Kunden Vertrauen schafft und teilweise sogar von diesen für die Akzeptanz des Produktes verlangt wird. Hier wäre es interessant zu verfolgen, inwiefern Verbände von Cloud Computing-Anbietern unterstützend mitwirken können, um eine einfachere Zertifizierung zu gewährleisten. Durch die Ausarbeitung der Zertifizierung „EuroCloud Star Audit" durch den EuroCloud Deutschland_eco e. V. wurde schon der Grundstein gelegt für eine transparente und bezüglich der Kosten vertretbare Evaluation von Cloud-Anbietern.

Überträgt man die Erkenntnis über implizierte Sicherheit von dem Fall DATEV auf andere Cloud-Services-Anbieter, stellt sich die Frage, ob es sinnvoll ist, mit den diversen technischen Sicherheitsmechanismen zu werben. Geht man davon aus, dass der durchschnittliche Kunde eines Cloud-Services nicht die Kompetenz besitzt, zu überprüfen, ob die versprochenen Merkmale wirklich ausreichend sicher sind und auch eingehalten werden, ist zweifelhaft, ob dieses Versprechen ein vertrauensbildender Faktor ist.

5.1.3.4 Kraftstoff „Super E10"

Die in Deutschland eher weniger erfolgreiche Einführung des E10-Kraftstoffes stellt ein Gegenbeispiel dar. Im Fokus der Untersuchung standen insbesondere die Themen der fehlenden Akzeptanz und des fehlenden Vertrauens durch den Kunden. Als einer der wesentlichen Faktoren lässt sich die schlechte Vorbereitung der Einführung des E10-Kraftstoffes identifizieren. Es gab, wie bei Produktneueinführungen an sich üblich, keinerlei Marketingmaßnahmen, um den Kunden mit dem Thema vertraut zu machen. Die lange Zeit ungeklärte E10-Verträglichkeit der einzelnen Fahrzeuge sowie fehlende Sicherheiten und Garantien führten zu einer massiven Verunsicherung der Autofahrer.

Aufgrund des Stellenwerts eines Autos in Deutschland waren die Kunden wegen großer Sorge um ihren PKW nicht bereit, E10 zu tanken. Stattdessen wichen sie auf das erheblich teurere Super Plus aus, da mit der Einführung des E10 zunächst der herkömmliche Super-Kraftstoff aus dem Sortiment genommen wurde. Letztendlich kann auch der Preisvorteil nicht dazu beitragen, die Akzeptanz des E10 zu erhöhen. Selbst ein an Tankstellen durchgeführter Test mit einem Preisvorteil von 15 Cent gegenüber herkömmlichem Super konnte den Absatz von E10 nicht erhöhen.

Übertragungen auf Cloud Computing

Es kann festgehalten werden, dass einer der wichtigen Erfolgsfaktoren für Akzeptanz und Vertrauen eine umfassende und „ehrliche" Informierung der prospektiven Kunden ist. Verunsicherte Kunden werden ein Produkt trotz in Aussicht gestellter technischer oder finanzieller Vorteile meiden. Deshalb ist es notwendig, die potenziellen Kunden an die neue und technisch geprägte Materie sukzessive heranzuführen. Dies wird natürlich sehr erschwert, wenn schon im Vorfeld negative und warnende Informationen – wie dies im

Fall des Cloud Computing teilweise geschehen ist – in den Medien und der öffentlichen Wahrnehmung kursieren.

Des Weiteren hat das Beispiel E10 gezeigt, dass auch eine koordinierte Informierung der Kunden dringend notwendig ist. Denn viele unterschiedliche Informationen, die an den potenziellen Kunden gelangen, stiften letztendlich nur Verwirrung, anstatt für Klarheit zu sorgen. Deshalb kann es sinnvoll sein, Informations- und Marketingkampagnen – zum Beispiel über Verbände – zu koordinieren und zu organisieren.

Für die Steigerung des Vertrauens und der Akzeptanz von Cloud Computing kann ein wesentlicher Baustein das Anbieten von Garantien und Haftungszusagen sein. Durch die vollkommene Abhängigkeit vom Betrieb des Rechenzentrums wird bei einem Ausfall des Cloud-Computing-Rechenzentrums beziehungsweise einer Insolvenz des Anbieters ebenfalls der Kunde massiv in seinem Betriebsablauf eingeschränkt. Für diese Fälle müssen Mechanismen greifen, welche für die Kosten unproduktiver Zeit und Schadensersatzforderungen beim Kunden aufkommen. Dadurch ergibt sich letztendlich sogar ein Verkaufsargument gegenüber dem Kunden: Ihm nämlich ein Risiko abzunehmen, welches sich bisher für ihn durch den Betrieb eines eigenen Rechenzentrums ergibt. Die betrachteten Beispiele zeigten auch, dass der Preis für den Kunden ein weniger bedeutendes Entscheidungskriterium ist.

5.1.4   Synoptische Modellbildung

Die Ergebnisse aus den vier Fallbeispielen wurden in ein Referenzmodell, hier in Form einer Matrix, übertragen. Der Aufbau der Matrix ist so gestaltet, dass bei den Lösungsansätzen aus den Fallbeispielen jeweils der organisatorische Aufwand und der Nutzwert in Relation zueinander gesehen werden können.

Der auf der Abszisse der Matrix abgetragene organisatorische Aufwand beinhaltet neben der zeitlichen auch die finanzielle Dimension der Lösungsvorschläge. Auf der Ordinate ist der erwartete monetäre und nicht-monetäre Nutzwert dargestellt (Abb. 5.1).

In obiger Matrix wurden Stichworte zu den Ergebnissen der besseren Übersichtlichkeit wegen gruppiert und zum Teil mit Tendenzpfeilen versehen.

5.1.5   Experteninterviews aus dem Bereich des Analogieziels

Die mit Hilfe von Analogien und Interviews aus dem Bereich der Analogiequelle gewonnenen Annahmen sollten in einer zweiten Phase der Analyse überprüft werden. Auf diese Weise sollten schließlich konkrete Erfolgsfaktoren für die Kundenkommunikation erarbeitet werden.

Zunächst wurde mit Hilfe von Experteninterviews versucht zu erörtern, inwiefern sich die Maßnahmen, die sich in anderen Branchen bereits als vertrauensbildend erwiesen haben, im Umfeld des Cloud Computing-Marktes anwenden lassen und welche Aspekte

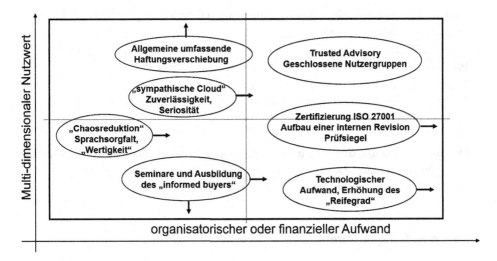

Abb. 5.1 Matrix Cloud Computing

der Kundenkommunikation von Seiten der Cloud-Anbieter zu beachten seien. Die Experteninterviews fanden auf zwei unterschiedlichen Wegen statt: zum einen in Form von ausführlichen, qualitativen Telefon-Interviews, die in der Regel in einem Zeitrahmen von 30 bis 40 Minuten wichtige Erkenntnisse lieferten. Zum anderen durch Befragungen auf der Kundenmesse „CloudZone" im Mai 2013 in Karlsruhe, die dazu dienten, in kürzeren Zeitfenstern von 10 bis 20 Minuten zusätzlich relevante Informationen zu sammeln.

Um in den Interviews eine strukturierte Vorgehensweise zu gewährleisten und die Antworten vergleichbar zu machen, wurde ein Interviewleitfaden erarbeitet. Die folgenden Fragestellungen wurden in den Experteninterviews thematisiert:

– Kontaktphase: Kontaktanbahnung, von wem geht dabei die Initiative aus?
– Verkaufsphase: Untersuchung der Prozesse in der Verkaufsphase und der hierarchischen Einordnung der beteiligten Personen im Unternehmen.
– Informationsbedarf: Hintergrundwissen der potenziellen Kunden hinsichtlich Cloud Computing bei der Kontaktaufnahme.
– Hemmnisse/Risiken: Skepsis oder Ablehnung von Cloud-Services, Abehnungsgründe.
– Vorteile von Cloud-Lösungen: Nutzenvorteile, Kostenfrage, mögliche Flexibilität.
– Marketing: Einsatz verschiedener Marketinginstrumente, Bild der „sympathischen Cloud".
– Service-Anspruch: Zusatzleistungen, Ansprüche der Kunden, Standard und Full Service.

- Integration im Unternehmen: Integration der Dienstleistung in die bestehenden Prozesse und Infrastruktur.
- Rolle im Wettbewerb: Vorteilserlangung im Wettbewerb, Nachteilskompensation.
- Prüfsiegel/Zertifikate: Einschätzung zur Bedeutung solcher Prüfsiegel für den Cloud Computing-Markt.
- Marktplätze/geschlossene Nutzergruppen: Gefüge vieler Kunden, die miteinander in Kontakt stehen.

Durch die Aufnahme dieser vielschichtigen Aspekte und Thematiken konnten Leitfäden entwickelt werden, die als Grundlage umfassender Interviews dienten, um den Verkaufsprozess aus verschiedenen Betrachtungswinkeln darzustellen.

5.1.6 Handlungsempfehlungen

Mit den Ergebnissen der verschiedenen Untersuchungsperspektiven können folgende Handlungsempfehlungen in Richtung Cloud-Anbietern ausgesprochen werden:

Potenzielle(!) Informationstransparenz
Der Kunde sollte jederzeit einen einfachen Zugang zu den für ihn wichtigen Informationen haben, insbesondere durch schnelle Auffindbarkeit, beispielsweise durch persönliche, auch telefonisch erreichbare Ansprechpartner oder informative Dokumente auf der Website. Er muss jedoch nicht proaktiv über alles informiert werden, was es zum Thema Datenschutz, Zertifizierung etc. zu wissen geben könnte – es sollte keine „Informationsüberflutung" des Kunden inszeniert werden!

Geschlossene Nutzergruppen – Community Clouds
An Beispielen wie DE-CIX oder DATEV lässt sich deutlich erkennen, wie über viele Jahre hinweg bereits erfolgreich Cloud-Dienstleistungen für eine geschlossene Nutzergruppe angeboten werden können. Ausschlaggebend ist hier der exklusive Zugang zu dieser Community durch beispielsweise den Berufsstand oder die Art der Organisation. Ein Cloud-Anbieter kann durchaus mehrere solcher Gruppen simultan bedienen.
Die Bedeutung von Community Clouds wird vermutlich in den nächsten Jahren noch zunehmen und insbesondere im öffentlichen Sektor zur Nutzung von cloudbasierten Angeboten führen (können).

Überwindung organisatorischer Hemmnisse
Die Einführung einer Cloud-Lösung in ein Unternehmen stellt eine organisatorische Herausforderung für den Kunden dar. Bestehende Unternehmen haben tief verankerte Prozessabläufe. Daher ist es wichtig, diese bei der Implementierung der Cloud-Lösung anzupassen. Die Entscheidungswege beim Kunden sind richtig zu adressieren und die richtigen Argumente bei den richtigen Personen vorzubringen beziehungsweise sind der

Kontaktperson im Kundenunternehmen die richtigen Argumente für die Entscheidungsträger „mitzugeben". Bedenken und Einwände betroffener Mitarbeiter müssen durch direkte Kommunikationspolitik entschärft werden. Die richtige Adressierung der entscheidungsbefugten Personen im Unternehmen spielt dabei eine außerordentlich wichtige Rolle.

Kontrollverlust – „Angst" der Kunden – Aufklärung
Der Kunde hegt nicht selten Befürchtungen, seine Daten einem Cloud-Anbieter anzuvertrauen, da er die Kontrolle über seine Daten verlieren könnte und ihm dahingehend das Vertrauen in die Datenschutz- und Datensicherungsmechanismen des Anbieters fehlt. Daher ist es wichtig, den Kunden mit einer Art Stufenmodell – je nach Sensibilität (Grad der erforderlichen Geheimhaltung) beziehungsweise Qualität der Daten („Wert" der Daten beziehungsweise Schaden im Unternehmen, der durch einen Verlust der Daten entstünde) – zu beraten.

Um dem Kunden die Furcht vor Kontrollverlust im Falle einer Rückabwicklung bei Vertragsende zu nehmen, sollte dieses Szenario – und der ganze „Client Life Cycle" – bereits bei Vertragsbeginn thematisiert werden. Dem seitens der Kunden oft befürchteten „Vendor Lock-in" muss begegnet werden.

Gewinnung von Referenzkunden
Eine bewährte Form, um bei Interessenten Vertrauen und Glaubwürdigkeit zu erwecken, ist Referenzmarketing. Verglichen mit anderen Marketinginstrumenten liegt der große Wert von Referenzen in der Objektivität der Informationen. Diese wird vom Interessenten sehr geschätzt, da für ihn Erfahrungen anderer Kunden glaubhafter erscheinen als die Marketingversprechen des Anbieters. Es handelt sich hierbei schließlich um nachprüfbare und nicht um theoretische Aussagen. Durch diese positiven Erfahrungsberichte kann es gelingen, potenziellen Kunden eine erfolgreiche Umsetzung ihrer eigenen Vorhaben besser vorstellbar zu machen.

Anhand der geführten Interviews wurde ersichtlich, dass für Kunden die „Marke" der Anbieter ein deutliches Entscheidungskriterium für eine Cloud-Lösung ist. Aus diesem Grund sollte man bei der Gewinnung von Referenzkunden auf die bewährte Regel „Klasse statt Masse" setzen.

Aufbau oder Nutzung von renommierten Marken
Auf der Suche nach Entscheidungskriterien der Cloud-Kunden wurde als Key-Fact das Markenimage des Anbieters genannt. Der Kunde entscheidet nach der Performance des Unternehmens, achtet jedoch auch darauf, welche Marktposition der Anbieter im Benchmark einnimmt. Kunden möchten keine „Eintagsfliege" als Anbieter haben, sondern mit einem erfolgreichen, gewachsenen Unternehmen kooperieren. Das Vertrauen in die Markenposition eines Unternehmens nimmt für den potenziellen Kunden einen mindestens genauso hohen Stellenwert ein wie die Zusicherung der technischen Zuverlässigkeit.

Auch ein Cloud-Prüfsiegel kann wirtschaftliche Nachteile oder mangelnde Reputation nicht kompensieren.

Starke Marken wie die Telekom haben dieses Potenzial bereits erkannt und betreiben einen Cloud-orientierten „Business Marketplace" mit 40 Anwendungen von mehr als 20 Partnerfirmen. Auf diesem Wege können kleine Anbieter von der Infrastruktur und der Bekanntheit großer Anbieter profitieren und darüber hinaus die Kundenkommunikation zielgerichteter – zum Beispiel nach Branchen differenziert – gestalten.

Vermittlung von genereller Seriosität
Dem Kunden muss eine generelle Seriosität des Cloud-Anbieters durch sein Auftreten kommuniziert werden, denn das Fehlen von Vertrauen und „intersubjektiver Reputation" ist oft ein Entscheidungskriterium gegen die Cloud-Angebote. Ein „korrektes Erscheinungsbild" und „korrektes Verhalten" des Anbieterunternehmens gegenüber ihren Kunden und in der Öffentlichkeit schafft Vertrauen und vermittelt Seriosität. Einem Anbieter schon beim ersten Treffen zu vertrauen, ist für die Kunden sehr schwierig. Wie auch im privaten Bereich vertrauen wir Personen nicht nach dem ersten Gespräch alles an. Dies ist im geschäftlichen Umfeld nicht anders. Aus diesem Grund müssen sich Anbieter und Kunde erst in mehreren Gesprächen annähern und Vertrauen aufbauen, um an eine Zusammenarbeit denken zu können.

Ein Punkt, der auch vertrauensfördernd wirkt, ist das Erscheinungsbild des Anbieters gegenüber seinen Kunden. Hat der Anbieter ein seriöses Auftreten, steigt das Vertrauen des Kunden.

Preisgestaltung – Einsparungen beim Kunden
Die Preisgestaltung – Einsparungen bei den Kosten – spielt für Kunden eher eine zweitrangige Rolle bei der Entscheidung für oder gegen Cloud Computing. Die Kunden wünschen sich jedoch eine klare, eindeutige Kostenaussage zu den Cloud-Produkten, um eine verlässliche TCO-Betrachtung durchführen zu können.

Darüber hinaus besteht ein Kunde auf eine klar definierte Preis-Leistungs-Struktur. Er erhofft sich dadurch, Kosteneinsparungen für Leistungen erzielen zu können, die er nicht oder nur selten benötigt. Der Kunde möchte eine individuelle Buchbarkeit von Cloud-Produkten und nicht das Buchen von Paketen, bei denen er nicht alles benötigt.

Kundenansprache – „Messen" – „Dialog"
Messen sind ein bewährtes und bedeutendes Marketinginstrument, um sich den Kunden und Interessenten zu präsentieren. Bekanntlich ist der dort vermittelte erste Eindruck oft entscheidend für den Aufbau einer gewissen Vertrauensbasis – und so ist es besonders für Branchen wie dem Cloud Computing, das vom Kundenvertrauen lebt, umso wichtiger, viel Sorgfalt auf die Präsentation auf solchen Messen zu legen.

Im persönlichen Dialog mit Interessenten können möglicherweise Zweifel an der Cloud beseitigt und damit Vertrauen in das Cloud-Produkt geschaffen werden. Daher können verschiedene Arten von Messen ein wichtiges Instrument für die

Kundenansprache sein. Wichtige Messeformen zum Vorstellen von Cloud-Diensten können sein:

- Spezielle Cloud-Computing-Messen
- IT-Messen (zum Beispiel Hausmessen bei Anbieterunternehmen, CeBIT, IT-Kongresse mit Ausstellung)
- Messen generell (zum Beispiel Branchenmessen)

Zusicherung der technischen Machbarkeit

Veraltete Software, rückständige Hardware oder nicht integrierbare Prozesse – die Bedenken der potenziellen Kunden, weshalb eine Integration von Cloud-Services aufgrund technischer Mängel scheitern könnte, sind verschiedenen Ursprungs. Möglicherweise sind derartige Aussagen auch eher als Schutzschild zu deuten, um sich nicht näher mit der Cloud beschäftigen zu müssen.

Der Cloud-Verkaufsprozess beginnt oft nicht erst bei der Einführung des Cloud-Dienstes, sondern schon weitaus früher. So dürfen veraltete Technik und unzeitgemäße Prozesse nicht als Hindernis betrachtet werden. Vielmehr ist es eine Chance, dem Kunden dazu zu verhelfen, seine Infrastruktur auf den neuesten Stand zu bringen und damit dessen Vertrauen für weitere Projekte zu gewinnen.

Der prospektive Kunde muss jedoch auch eine Chance haben, eventuelle Risiken des künftigen „Rechnerbetriebs in der Cloud" realistisch (!) zu beurteilen. Pauschale Zusicherungen der „hundertprozentigen Sicherheit" eines Dienstes sind eher hinderlich für einen erfolgreichen Aufbau einer Vertrauensbasis zum Kunden.

Haftungstransfer und -verschiebung

Die Einführung von Cloud-Diensten bringt auch eine Veränderung bezüglich möglicher Haftungskonsequenzen mit sich. Es stellt sich die Frage, inwiefern sich die Verantwortlichkeit für Ausfälle und Systemfehler in Richtung des Anbieters verschiebt.

Fragen zur Gewährleistung und zur Haftung lassen sich mit gesetzlichen Regelungen beantworten. Deshalb ist es wichtig, dass vertragliche Regelungen zwischen Cloud-Anbieter und Kunden nicht nur die Art und den Umfang der geschuldeten Leistungen beschreiben, sondern auch Regelungen für etwa hinter den Erwartungen zurückbleibende Leistungen beinhalten. Für Leistungen, die erbracht werden und nicht vertraglich geregelt sind, gibt es nur bei bestimmten gesetzlich vordefinierten Vertragstypen gesetzliche Regelungen. Welche gesetzliche Regelung bei mangelhafter Erbringung von Leistungen greift, hängt von der Art des Vertragstyps ab. Jedoch führen diese gesetzlichen Regelungen bei Cloud-Verträgen meistens nicht zu zufriedenstellenden Ergebnissen. Deshalb gilt es, den Service-Level praxisnah in den vertraglichen Leistungen festzulegen und die Folgen einer möglichen Unterschreitung der Leistungsanforderungen genau zu regeln. Allgemein sollten die Leistungselemente, Leistungsindikatoren, Ausfallsquoten und eventuelle Konsequenzen bei mangelhafter Leistungserbringung deshalb klar und detailliert geregelt werden.

Sicherheitsbedenken – „Datenaufbewahrung"

Ein oft genanntes K.O.-Kriterium für Kunden ist der falsche oder nicht passende Ort der Datenaufbewahrung. Es muss für jeden Kunden geklärt werden, inwieweit der Faktor „Ort der Datenaufbewahrung" relevant ist. Den meisten Kunden scheint eine Datenaufbewahrung innerhalb der EU zu reichen, während ein bestimmter Teil eine Aufbewahrung der Daten in Deutschland bevorzugt und wiederum einem anderen Teil der Ort der Daten egal ist.

Der Kunde braucht – je nach Wertigkeit seiner Daten – verschiedene Klassen von Aufbewahrungssicherheit, etwa „interne Daten", „Daten unter Verschluss zu halten" oder „Daten sind mit zusätzlichen Mitteln gegen Entwendung oder Korruption zu schützen". Dem Kunden müssen die aus den Aufwendungen für die Aufbewahrungssicherheit resultierenden Kosten transparent gemacht und erklärt werden.

5.2   Akzeptanz des Recyclings von IT-Endgeräten, speziell Mobiltelefonen

Nach einschlägigen Schätzungen von Branchenverbänden befinden sich in den diversen Schubladen der privaten Haushalte in Deutschland schon über 120 Millionen ausrangierte Mobiltelefone [5]. Problematisch ist hierbei, dass deutschlandweit nur vier Prozent und weltweit nur drei Prozent dieser alten Geräte ins Recycling gelangen. Die ungenutzten Mobiltelefone werden weder an professionelle Entsorgungsfachbetriebe ausgehändigt, noch sonst fachgerecht entsorgt. Stattdessen werden diese in den Haushalten aufbewahrt. Diese Verhaltensweise wirkt sich negativ aus, da es der Rohstoffknappheit Vorschub leistet. Es müssen allerdings verstärkt Rohstoffe zurückgewonnen und als Sekundärrohstoffe eingesetzt werden. Durch moderne Verwertungstechniken sind fast alle wertvollen Rohstoffe, die sich in den Mobiltelefonen befinden, wiederverwertbar. Die Studie zur Akzeptanz des Recyclings von IT-Endgeräten am Beispiel von gebrauchten Mobiltelefonen [6] wurde 2012 als Abschlussarbeit von der Studierenden YAHIA im Rahmen des ESF-Projektes KontAkS durchgeführt.

5.2.1   Formulierung der Forschungsfrage

Es soll untersucht werden, ob ein rentabler Markt für das Recycling von Mobiltelefonen besteht und wenn ja, zu welchen Modalitäten: Mit welchen Maßnahmen können Besitzer von alten, nicht mehr benötigten IT-Endgeräten, wie zum Beispiel Handys oder Notebooks, dazu bewegt werden, diese abzugeben, so dass die darin enthaltenen Rohstoffe recycelt werden können?

5.2.2 Auswahl der Fälle

Ausgewählt wurden vier Fälle, bei denen der Vorgang „Abgabe zu Recyclingzwecken" bereits realisiert und akzeptiert ist. Zudem greifen die gefundenen Analogien die unterschiedliche Aspekte eines prospektiven Prozesses zum Recycling von (gebrauchten, außer Betrieb stehenden) Mobiltelefonen aufn.

Pfandsystem von Getränkeflaschen und -dosen
Das landläufig als „Dosenpfand" bezeichnete System wurde ausgewählt, da das Erheben eines Pfandbetrags eine Form darstellt, um die Rückgabe nicht mehr benötigter Sachgegenstände zu erwirken. Es wird analysiert, ob dieser gesetzlich festgelegte Pfandbetrag ein erfolgreiches Konzept auch für den IT-Endgeräte-Markt sein könnte.

Die Vernichtung von Daten bei nicht mehr benötigten Datenträgern – CD-ROMs
Bei gebrauchten Mobiltelefonen spielt der Datenschutz eine wichtige Rolle. Aus diesem Grund wurde die Vernichtung von Daten am Beispiel von nicht mehr gebrauchten Datenträgern, speziell CD-ROMs aus Bürobeständen, als zweites Fallbeispiel herangezogen.

Behandlung gefährlicher Abfälle am Beispiel von Altöl
Da Mobiltelefone aus Umweltschutzgründen nicht einfach in den Hausmüll geworfen werden können, wurde als eine weitere Analogiequelle die Behandlung gefährlicher Abfälle am Beispiel von Altöl betrachtet.

Der Zweitmarkt am Beispiel von Altkleidersammlungen
Ein weiterer Aspekt, der untersucht werden sollte, waren die Rahmenbedingungen für einen funktionierenden Zweitmarkt, der bei noch funktionierenden Mobiltelefonen ebenfalls eine Option ist. Hierzu diente als Analogiequelle die Weiterverwendung von Altkleidern.

5.2.3 Recherche

Zu den ausgewählten Fällen konnten sehr detaillierte Informationen im Internet gefunden werden, so dass kein Bedarf an Interviews im Bereich der Analogiequellen bestand. Darüber hinaus wurde sehr umfangreich zu den bereits bestehenden Recycling-Angeboten im Bereich der Mobiltelefone recherchiert. Betrachtet wurden hierzu:

- Rücknahmesysteme der Telekommunikationskonzerne in Deutschland
- die Möglichkeiten der Handyrückgabe im Internet
- Rücknahmesystem von Entsorgungsfachbetrieben und Recyclingunternehmen mittels Sammelbehältern

- Rücknahmesysteme von öffentlich-rechtlichen Entsorgungsträgern
- Rücknahmen mit Hilfe von Sammelaktionen
- Rücknahmesystem von Second-Hand-Shops
- Rücknahmesystem von Elektro(nik)-Fachhändlern

5.2.4 Analogieschlüsse

5.2.4.1 Recycling von Getränkeflaschen und -dosen („Dosenpfand")

Im Rahmen der Verpackungsverordnung ist jeder Händler, der pfandpflichtige Ein- oder Mehrweggetränkeverpackungen verkauft, zur Rücknahme sowie zur Pfanderstattung verpflichtet, ohne Rücksicht darauf, wo diese gekauft wurden. Verkauft der Händler aber keine Getränke in Dosen, ist er auch nicht zur Rücknahme von Dosen verpflichtet. Geschäfte mit einer kleinen Verkaufsfläche müssen nur die Ein- oder Mehrwegverpackungen der Marken zurücknehmen, die sie in ihrem Angebot haben. Große Discounter wie zum Beispiel Aldi, Lidl und Plus vertreiben neben Markenprodukte auch firmeneigene Getränke, für die sie spezielle, an der Form erkennbare Flaschen entwickelt haben. Diese Flaschen werden nur vom jeweiligen Discounter verkauft und können auch nur dort zurückgegeben werden. [7]

Der Großteil der Getränkeverkäufer bietet nach Maßgabe der Verordnungslage eine Rücknahmemöglichkeit mit Hilfe von Leergutautomaten an. Mit diesen Automaten kann der Verkäufer oder Hersteller von den kostensparenden Rationalisierungsvorteilen durch automatische Rücknahme des Leergutes bei gleichzeitiger automatischer Pfandrückgabe profitieren. Mit einem Rücknahmeautomaten werden sowohl Arbeitszeit als auch Lohnkosten gespart, die vor allem für kleine und mittlere Betriebe besonders wichtig sind. Diese Rücknahmeautomaten nehmen Einweg- und/oder Mehrweggebinde wie PET-Flaschen, Glasflaschen und Blechdosen an.

Seit dem Beginn des Jahres 2003 gilt die Pfandpflicht für Einweg-Getränkeverpackungen in Deutschland. Das Einwegpfand wird umgangssprachlich auch als Dosenpfand bezeichnet. Das Einwegpfand gilt für Einwegverpackungen von Getränken wie Dosen, Einweg-Glasflaschen und Einweg-PET-Flaschen. Einwegverpackungen sind Behälter, die nach einmaligem Gebrauch in den Müll gelangen und nicht wiederverwendet werden, sondern direkt dem Recyclingprozess zugeführt werden. Das Pfand beträgt einheitlich für alle pfandpflichtigen Einweg-Getränkeverpackungen 25 Cent. Das Pflichtpfand in Höhe von 25 Cent muss auf alle Einweg-Verpackungen zwischen 0,1 Liter und 3 Liter Fassungsvermögen erhoben werden. Ausgenommen sind nur Getränkekartonverpackungen, Schlauchbeutel und Folien-Standbodenbeutel [7].

Der Einzelhandel erhält vom Inverkehrbringer (zum Beispiel dem Händler von Getränken) gegen Abgabe eines Pfandes die Einwegbehälter für den Weiterverkauf. Der Verbraucher, der einen der pfandpflichtigen Behälter im Einzelhandel kauft, zahlt das Einwegpfand in Höhe von 25 Cent. Bei Rückgabe der leeren pfandpflichtigen Einwegbehälter, wird dem Verbraucher vom zurücknehmenden Einzelhandel das

Einwegpfand erstattet. Anschließend erstattet der Inverkehrbringer dem zurücknehmenden Einzelhandel auf Grundlage des Einwegpfandsystems das Pfandgeld.

Das Mehrwegsystem ist ein überwiegend für Verpackungen aus Glas bestehender Kreislauf. Mit dieser Verpackungsform wird die Wiederbenutzung durch Produzenten, Händler und Verbraucher ermöglicht. Bei Handel und Industrie zählen dazu Europaletten, Container und Gitterboxen, im Privatbereich Pfandflaschen und Fässer. Mehrwegsysteme sind grundsätzlich umweltfreundlicher als Einwegsysteme, da die vielfachen Umläufe der Mehrwegsysteme einen Beitrag zur Schonung begrenzter Ressourcen leisten. Bei einer durchschnittlichen Lebensdauer von bis zu sechs Jahren werden Mehrwegflaschen aus Glas bis zu 50 Mal wieder befüllt. Während dieser Lebensdauer ersetzt eine Mineralwasserflasche fast 100 Dosen. PET-Mehrwegflaschen werden bis zu 25 Mal wieder befüllt. Durch die Nutzung von Mehrwegflaschen können im Vergleich zur Nutzung von Einweggetränkeverpackungen im erheblichen Umfang Abfälle vermieden werden. Somit sind Mehrwegverpackungen und -flaschen ökologisch vorteilhafte Verpackungen, die endliche Ressourcen und das Klima schonen. Auf Mehrwegflaschen ist das Pfand niedriger als auf Einwegflaschen; in der Regel 8 oder 15 Cent statt 25 Cent [8].

Das Mehrwegpfandsystem funktioniert nach folgendem Prinzip: Gegen Pfand werden beispielsweise Glasflaschen an den Verbraucher abgegeben. Er erhält das Pfandgeld erstattet, wenn er dem Händler die leeren Flaschen und Gläser zurückbringt. Abhängig vom Zustand der Glasflaschen werden diese entweder bei schlechter Qualität in der Glasindustrie recycelt und zu neuen Glasflaschen verarbeitet oder bei gutem Zustand als Mehrwegbehälter nach der Reinigung zum Abfüllen weitergegeben.

Übertragung des Pfandsystems auf Mobiltelefone

Die Getränkedose könnte zum Vorbild für Mobiltelefone werden. Dabei stellt sich zunächst die entscheidende Frage, ob der Beschluss eines Pfandes für Mobiltelefone als sinnvoll erscheint. Diese Frage wurde bereits politisch diskutiert [9]. Ein Pfand von zehn Euro pro Mobiltelefon beim Kauf eines Neugerätes könnte ein erster Schritt zu einer höheren Sammel- und Recyclingquote sein. Der Sachverständigenrat für Umweltfragen des Bundesumweltministers forderte sogar ein Pfand für Mobiltelefone von bis zu 100 Euro [10].

Auslöser dieser Diskussion waren die enthaltenen Wertstoffe, die aus alten Mobiltelefonen gewonnen werden können. Allerdings wurden diese Vorschläge nicht weiter verfolgt. Es wird betont, dass ein Pfandsystem für Mobiltelefone der falsche Weg sei, da der Aufwand in keinem angemessenen Verhältnis zum Nutzen stehe. Zudem würde sich ein Pfand europaweit nicht durchsetzen. Es würde die bestehenden Rücknahmesysteme zerstören und der bürokratische Aufwand läge in keinem Verhältnis zum angestrebten Nutzen. Mit einem Zwangspfand würde dieses Spendenverfahren praktisch gestoppt. Mobiltelefone werden im Schnitt nach spätestens drei bis vier Jahren ausgemustert. Ein Pfandsystem, das über solch lange Zeiträume verwaltet werden muss, erzeugt einen enormen bürokratischen Aufwand und ist praktisch kaum umsetzbar [11, 12]

Eine Alternative zum Pfand wäre ein Rücknahmeautomat, der mit dem System des Rücknahmeautomaten von Pfandflaschen verglichen werden kann. In den USA werden bereits die von dem Hersteller "Eco ATM" entwickelten Rücknahmeautomaten für Mobiltelefone mit stetig wachsendem Erfolg eingesetzt [13].

Die alten Mobiltelefone werden dabei einfach in das Eingabefach des Automaten gelegt und überprüft. Diese Maschinen erfassen anschließend den Wert des eingelegten Mobiltelefons und machen dem Besitzer einen Preisvorschlag, den dieser akzeptieren oder ablehnen kann. Wird der Vorschlag angenommen, kann der Besitzer beziehungsweise Verkäufer des Mobiltelefons an Ort und Stelle entscheiden, ob er einen Wertgutschein möchte oder das Geld sogar spenden möchte.

Es bleibt abzuwarten, ob sich dieses System auch in Deutschland und Europa durchsetzen wird. Rücknahmeautomaten für Mobiltelefone scheinen zumindest interessante wirtschaftliche Perspektiven zu haben [14].

5.2.4.2 Die Vernichtung von Daten am Beispiel von Datenträgern

Der Begriff „Datenträger" steht für Einrichtungen, die geeignet sind, Daten, wie zum Beispiel geschriebene Texte, Tondokumente oder Bilder, aufzunehmen, festzuhalten und bei Bedarf wieder abzugeben. Zu den Datenträgern gehören Schriftgut wie Papier, Magnetbänder, Disketten, Festplatten, CD-ROMs, DVDs, transportable Speichermedien, Dateien und Programme, optische Speicher oder Filme/Mikrofilme [15]. Gelöschte Dateien, die beispielsweise auf dem Computer gelöscht werden, finden sich im elektronischen Papierkorb wieder und können von dort aus wiederhergestellt werden. Der Computer, genauer sein Betriebssystem, löscht nur den Eintrag der Datei aus seinem Dateiverzeichnis. Für den Benutzer ist die Datei damit nicht mehr existent. Physisch befindet sich die Datei jedoch noch auf der Festplatte. Erst wenn diese voll ist, beginnt das Betriebssystem, die gelöschten Speicherbereiche zu überschreiben. Die vollständige Datenlöschung erfolgt also nicht nur durch die Löschung der Daten aus dem Dateiverzeichnis. Hinzu kommt, dass selbst eine Datei, die bereits überschrieben wurde, von Experten mit geeigneten Werkzeugen oftmals wieder lesbar gemacht werden kann. Dateien können mittels spezieller Software und Hardware vernichtet werden [16].

Wie bereits erwähnt ist das einfache Verschieben von Dateien in den Papierkorb oder ein „Delete"-Befehl keinesfalls ausreichend, um Daten endgültig von Datenträgern zu löschen. Beim Verschieben in den Papierkorb werden die gespeicherten Daten nicht verändert. Es wird lediglich der örtliche Verweis aus dem Inhaltsverzeichnis des Datenträgers entfernt beziehungsweise ein Kennzeichen zur Überschreiberlaubnis gesetzt. Die Daten sind dadurch auf den ursprünglichen Plattensektoren weiterhin vorhanden und könnten wiederhergestellt werden. Nur durch mehrmaliges Überschreiben des Datenträgers mit unterschiedlichen Bitmustern kann eine vollständige und unwiderrufliche Löschung erreicht werden. Für dieses Verfahren wurden mehrere Standards definiert. Bei allen Löschvorgängen mit Hilfe von Software bleibt jedoch ein geringes Restrisiko: Jede Festplatte generiert im Laufe ihres Lebens sogenannte „bad blocks", also schlechte Datenblöcke, deren Menge abhängig von Modell und Festplattenalter ist. Da diese Blöcke nicht mehr angesprochen werden, bleiben sie auch bei einer Löschung mit einer Software außen vor [17].

Zur endgültigen Datenlöschung ist insbesondere die physikalische Zerstörung von Datenträgern eine zuverlässige Methode. Gängige Praxis ist das sogenannte Schreddern, bei dem der Datenträger dadurch zerstört wird, dass er in kleine Einheiten zerlegt wird. Eine weitere gute Möglichkeit zur endgültigen Löschung der Daten ist die Entmagnetisierung mit Hilfe eines Degaussers. Durch das starke Magnetfeld, dem der Datenträger in einem Degausser ausgesetzt wird, werden die Daten von Festplatten, Disketten und Bänder in wenigen Sekunden entmagnetisiert und gelöscht. Alle darauf befindlichen Informationen werden unwiederbringlich gelöscht. Neben dem Schredder und dem Degausser besteht noch die Möglichkeit einer thermischen Zerstörung. Dabei wird die Oberfläche der Magnetplatte über die Curie-Temperatur der verwendeten Beschichtung (zum Beispiel bei Eisen 766 °C) erhitzt. Dadurch verliert das Material seine magnetische Eigenschaft und die Daten werden unwiderruflich gelöscht. Ein klarer Vorteil der Datenlöschung mittels Hardware besteht darin, dass auch beschädigte Festplatten, die vom Betriebssystem nicht mehr erkannt und damit von einer Software auch nicht mehr ansprechbar sind, sicher gelöscht werden können und damit die Weiterverwendung ausgeschlossen ist. Ohne eine Zerstörung der Magnetplatte besteht weiterhin die Möglichkeit, selbst Daten von physikalisch beschädigten Platten in spezialisierten Datenrettungslabors wieder herzustellen. Prinzipiell kann das Löschen oder Vernichten der Datenträger entweder selbst oder von einem Dienstleistungsunternehmen vorgenommen werden [17].

Übertragung der Löschung von Daten auf Mobiltelefone
Ohne Datenlöschung wird zwar die Umwelt geschützt, im Gegenzug jedoch auch die Privatsphäre der bisherigen Anwender gefährdet. Wenn sich ein Unternehmen beispielsweise an einer Recyclingaktion für Mobiltelefone beteiligt, müssen die personenbezogenen Daten auf den mobilen Endgeräten durch sichere Beseitigung geschützt werden. Mit der Entfernung der SIM-Karte ist es dabei nicht getan. Hier wird zwischen funktionsfähigen und defekten Mobiltelefonen unterschieden.

Da die funktionsfähigen Geräte noch weiterveräußert werden sollen, ist hier eine Datenlöschung mittels einer Software zu empfehlen. Die Datenlöschung betrifft insbesondere die internen Speicher der Geräte, die sich nicht ohne weiteres entnehmen lassen. Personenbezogene Daten sind nicht nur auf der SIM-Karte, die unter Umständen entnommen werden kann, gespeichert, sondern auch im internen Flash-Speicher und gegebenenfalls auch auf zusätzlichen Speicherkarten (wie microSD-Karten). Der interne Flash-Speicher des Mobiltelefons wird nicht, wie vielfach angenommen wird, bei Entnahme des Akkus gelöscht. Zu den personenbezogenen Daten gehören nicht nur das gespeicherte Adressbuch mit Telefonnummern, sondern auch Aufgaben, Kalender und Rufnummernlisten. Smartphones verfügen zudem über einen Browser, der einen Cache und eine Liste der besuchten Webseiten enthält sowie einen E-Mail-Client mit gespeicherten E-Mailadressen. Kurznachrichten per SMS, MMS oder Dienste, wie

WhatsApp, speichern neben den Kontaktdaten oftmals private Fotos oder gar geschäftlichen PDF- und Word-Dateien [18].

Daten defekter Telefone können direkt mit Hilfe einer Hardware vernichtet werden. Dazu werden die zu vernichtenden Daten mittels der oben erläuterten Verfahren unwiderruflich entfernt.

5.2.4.3 Second-Hand-Kleidung

Da in den Industrieländern Textilien immer billiger geworden sind, ist auch der Überschuss an Gebrauchtkleidung in den Wohlstandsländern massiv angestiegen. Dies führt dazu, dass sich das Sammeln und Verwerten von Kleidung zu einem eigenen, weltweiten Wirtschaftszweig entwickelt hat.

In Deutschland werden jährlich ca. 1,5 Milliarden Kleidungsstücke aussortiert. Dies entspricht mehr als 750.000 Tonnen Textilien, die in Kleidersammlungen gegeben werden [19].

Der Inhalt des Containers wird an einen Verwertungsbetrieb verkauft. Ein Teil des Erlöses kommt sozialen Organisationen zugute. Textilien, die nicht weiter verwertet werden können, müssen nach deutschem Gesetz recycelt werden – jedoch betrifft dies nur rund 15 Prozent der Ware [20].

Die Kleidung, unabhängig davon ob aus gewerblicher oder gemeinnütziger Sammlung, landet in einem Sortierbetrieb und wird nach Qualität neu gebündelt. Dort wird jeder Kleidersack von Hand auf die Verwertbarkeit der Kleidungsstücke geprüft. Noch modische und sehr gut erhaltene Kleider gehen direkt in den Verkauf in Deutschland oder Europa.

Der größte Teil wird nach Afrika oder in den Mittleren Osten exportiert und dort in Second-Hand-Geschäften verkauft. Gut erhaltene Kleidung wird also grundsätzlich nicht zerschnitten oder zerstört. Die Textilien werden in der Regel nicht auf Spendenbasis in andere Länder gegeben, sondern dort gewerblich verkauft da es sich bei den an diesem Prozess Beteiligten überwiegend um Full-Profit-Unternehmen handelt [21].

Über die Hälfte der Altkleider ist nicht mehr tragfähig. Kleidung, die nicht mehr getragen werden kann, geht in die sogenannte Rohstoffverwertung. Unansehnliche Ware wird zu Putzlappen für die Industrie zerschnitten. Verschlissene Jeans werden in die einzelnen Fasern aufgelöst und für die Herstellung von Dämmstoffen für Automobile wieder verwendet. Kleidung, die völlig verschmutzt ist, geht in die thermische Verwertung. Bei der letzten Gruppe wäre es ökologisch sinnvoller, sie direkt in den Haus-müll zu geben, damit sie nicht erst wieder aufwendig von tragbarer Ware getrennt werden muss. Unbrauchbare und unmoderne Kleidungsstücke werden entweder zu Putzlappen oder zu Rohstoffen verarbeitet [21].

Übertragung auf Mobiltelefone

Inzwischen können Mobiltelefone auch gebraucht gekauft werden. So gut wie alle Sammelstellen von Mobiltelefonen nehmen sowohl funktionsfähige, als auch defekte

Mobiltelefone an. Bei der Betrachtung des Zweitmarktes von Mobiltelefonen muss strikt zwischen diesen beiden Merkmalen unterschieden werden.

Der Zweitmarkt von Mobiltelefonen hat in jedem Fall einen hohen Stellenwert: Entweder zur Gewinnung der Rohstoffe durch Recycling oder, umso gewinnträchtiger, durch den Verkauf funktionsfähiger Mobiltelefone.

Bei der Sortierung der gesammelten Mobiltelefone werden die funktionsfähigen und die defekten voneinander getrennt. Bei den defekten Mobiltelefonen wird versucht, sie mittels einfacher Reparaturen und Austausch kostengünstiger Ersatzteile wieder funktionsfähig zu machen, um diese ebenfalls auf dem Zweitmarkt zu verkaufen. Die Reparatur ist also häufig immer noch rentabler als das sofortige Recycling der Altgeräte.

Die Nachfrage nach gebrauchten Produkten ist sowohl im Inland als auch im Ausland, vor allem in Entwicklungsländern, hoch. Größtenteils sind gute Geräte gefragt, die technisch auf dem neuesten Stand sind. Viele Privatfirmen arbeiten Mobiltelefone auf und verkaufen sie nach Asien oder Afrika. Diese Firmen zahlen für Altgeräte vielfach mehr als die Mobilfunkanbieter [22].

5.2.4.4 Behandlung gefährlicher Abfälle am Beispiel von Altöl

Altöle sind Öle, die als Abfallprodukt gelten und ganz oder teilweise aus Mineralöl, synthetischem oder biogenem Öl bestehen. Diese sind in elf Sortengruppen wie Motorenöle, Getriebeöle, Hydrauliköle, Turbinenöle, Elektroisolieröle, Maschinenöle, andere Industrieöle, Prozessöle, Metallbearbeitungsöle und Schmierfette, unterteilt.

Altöle dürfen nicht mit anderen Abfällen vermischt werden. Erst der Besitzer der Verwertungsanlage, der das Altöl erworben hat, entscheidet, in welcher Weise es genutzt werden soll, da dies von den unterschiedlichen Betriebsverfahren der unterschiedlichen Anlagen abhängig ist. Grundlage hierfür ist die Zulassung der Anlage nach dem Bundesimmissionsschutzgesetz zur ordnungsgemäßen und schadlosen Verwertung. Dies bedeutet, dass im Zuge der Entsorgung sehr unterschiedliche Produkte übernommen und verarbeitet werden. Um hier eine differenzierte Einstufung vornehmen zu können, müssen die aufgenommenen Altöle zunächst einer umfangreichen analytischen Beurteilung unterzogen werden.

Altöle, deren Aufbereitung wegen des hohen Gehaltes an Zusätzen oder Schadstoffen nicht sinnvoll ist, dürfen als Ersatz für normale Brennstoffe in Feuerungsanlagen energetisch verwertet werden, die eine im Bundesimmissionsschutzgesetz geregelte Genehmigung zum Einsatz von energiereichen Abfällen haben.

In den Verkaufsstellen muss durch leicht erkennbare und gut lesbare Schrifttafeln auf eine Annahmestelle hingewiesen werden, die in räumlicher Nähe zur Verkaufsstelle untergebracht sein muss. Die Annahmestelle muss Verbrennungsmotoren- und Getriebeöle bis zur Menge der im Einzelfall abgegebenen Motoren- und Getriebeöle kostenlos zurücknehmen. Diese Regelung gilt sinngemäß auch für Ölfilter und beim Ölwechsel üblicherweise anfallende ölhaltige Abfälle. Die Annahmestelle muss über eine Einrichtung zum fachgerechten Ölwechsel verfügen.

Es gilt in jedem Fall zu verhindern, dass Altöl in das Abwassersystem oder direkt in die Umwelt gelangt. Denn bereits ein Liter Altöl reicht aus, um eine Million Liter Trinkwasser unbrauchbar zu machen. Daher sollte Altöl grundsätzlich in verschließbaren Behältnissen gesammelt und dem Handel gegen Vorlage der Kaufquittung zurückgegeben werden. Die Kosten für die Rücknahme sind bereits im Kaufpreis enthalten [7].

Übertragung der Behandlung von gefährlichen Abfällen auf Mobiltelefone
Die Behandlung von Altöl kann auf Mobiltelefone übertragen werden, da es sich in beiden Fällen um gefährliche Abfälle handelt. Mobiltelefone sind aufgrund des Akkus als gefährlicher Abfall einzustufen. Dabei spielt es keine Rolle, ob sich der Akku in dem alten Gerät befindet oder nicht. Begründet wird das Ganze damit, dass die Batterie als Bestandteil des Mobiltelefons aufgeführt wird.

So wie Altöle dürfen auch gebrauchte Mobiltelefone nicht einfach über den Hausmüll entsorgt werden, sie müssen fachgerecht entsorgt werden.

Da defekte, aber auch funktionsfähige Geräte abgegeben werden können, sind die Sammelstellen dazu verpflichtet, diese Geräte auf Funktionsfähigkeit zu überprüfen. Dies gilt aber nur, „soweit die Prüfung technisch möglich und wirtschaftlich zumutbar ist".

Funktionsfähige Mobiltelefone sollten dem Zweitmarkt zugeführt werden, da dies Kosten und Aufwand im Gegensatz zum Recycling spart. Zudem wird die Umwelt geschont.

Um wichtige und wertvolle Ressourcen wie Edelmetalle und seltene Erden zu gewinnen, sollten defekte Mobiltelefone dem Recyclingprozess zugeführt werden

5.2.5 Handlungsempfehlungen

Die erzielten Ergebnisse sind ein Handlungsrahmen für die Gestaltung des Einführungsprozesses „Recycling-Systeme für IT-Endgeräte", dessen operativer Durchführung und Umsetzung allerdings durch eine Änderung der Verordnungslage (die „Kommunale Andienungspflicht") zur Jahresmitte 2012 die Grundlage entzogen wurde.

5.3 Akzeptanz der Elektromobilität im Bereich von Spezialfahrzeugen

Die Studie zur Akzeptanz der Elektromobilität im Bereich von Spezialfahrzeugen entstand 2015 im Rahmen einer Abschlussarbeit von JEPPE [23] in Kooperation mit einem Unternehmen, das sowohl elektrisch betriebene Serienfahrzeuge als auch elektrisch betriebene Spezialfahrzeuge herstellt und vertreibt.

Ausgangspunkt dieser Arbeit war die landläufige Erwartung, dass die Automobilindustrie vor einem grundlegenden möglichen technologischen Wandel stehen könnte, da elektrische Kraftmaschinen die bisher absolut dominierenden Verbrennungskraftmaschinen als

Antriebssysteme für die Fahrzeuge ersetzen könnten: Die Elektromobilität ist auf dem Vormarsch und immer mehr Hersteller bringen Modelle mit elektrischem Antrieb – gerade im Bereich der privat genutzten Personenkraftwagen – auf den Markt. Neben den Angeboten der etablierten Hersteller entstehen mit der Elektrifizierung des Antriebs auch neue Unternehmen, die entsprechende Fahrzeugmodelle auf den Markt bringen. Der kalifornische Elektroautohersteller Tesla Motors schaffte es innerhalb kürzester Zeit sein Modell Tesla Model S auf dem Automobilmarkt zu etablieren. In der Schweiz überholte das Model S im ersten Halbjahr 2015 mit 638 Neuzulassungen alle Mitbewerber im Bereich der Oberklassen-Fahrzeuge [24].

Ein sich aus der Entwicklung im PKW-Bereich direkt ergebendes großes Potenzial zur Etablierung der Elektromobilität (als solcher) bietet die entsprechende motorische Ausstattung von Dienstwagenflotten. Jedoch bestehen nach wie vor die Hemmnisse, die sich aus der Energiespeicher- und Batterietechnologie ergeben, wie Reichweite, Ladeinfrastruktur und Anschaffungskosten.

Im Segment der Spezialfahrzeuge sind elektrische Antriebe seit vielen Jahren etabliert, wie das Beispiel der Förderzeuge wie dem Gabelstapler, zeigt. Die Akzeptanz der elektrischen Antriebsmaschinen ist hier diversen Rahmenbedingungen wie der geforderten Emissionslosigkeit des Antriebs in geschlossenen Gebäuden geschuldet.

Kommunale Verkehrsbetriebe wie zum Beispiel in Berlin setzen zunehmend auf den Einsatz von elektrischen Bussen im öffentlichen Personennahverkehr. Auch in Flughafenbetrieben wird zunehmend auf den elektrischen Antrieb gesetzt. Aktuell sind rund 10 % aller eingesetzten Fahrzeuge der Fraport AG am Flughafen Frankfurt elektrisch angetrieben [25].

Diese Entwicklungen zeigen, dass die Elektromobilität als unternehmenspolitisches Konzept im Bereich der Spezialfahrzeugherstellung nicht zu vernachlässigen ist. Um die Akzeptanz dieser Fahrzeuge über das Jahr 2015 weiter zu erhöhen, bedarf es der Identifizierung und des gezielten Einsatzes entsprechender geschäftsfördernder Maßnahmen.

5.3.1 Formulierung der Forschungsfrage

Mit Hilfe der Methode Case-based Evidence soll der Frage nachgegangen werden, wie die Akzeptanz von elektrisch betriebenen Spezialfahrzeugen über entsprechende Vertrauensbildung bezüglich der Produkte und ihrer Hersteller gefördert werden kann.

Die Untersuchung konzentriert sich auf die Betrachtung von zwei Spezialfahrzeugkategorien, nämlich batterieelektrische Spezialfahrzeuge im Flughafenbetrieb und batterieelektrische Busse im ÖPNV. Die modellhaften Erkenntnisse dieser Betrachtungen sind – so die Erwartung – auf weitere Bereiche elektrischer Spezialfahrzeuge übertragbar.

5.3.2   Auswahl der Fälle

Zu den Analogiezielen „batterieelektrische Spezialfahrzeuge im Flughafenbetrieb" und „batterieelektrische Busse im ÖPNV" wurde jeweils eine passende Analogiequelle identifiziert. Darüber hinaus sollten mit dem Gegenbeispiel „Oberleitungsbus" akzeptanz-verhindernde Faktoren identifiziert werden:

Analogiequelle: Flurförderzeuge
Da Flurförderzeuge schon seit vielen Jahren als batterieelektrische Spezialfahrzeuge angeboten werden, stellen sie eine passende Analogiequelle dar, um vertrauens- und akzeptanzfördernde Maßnahmen zu identifizieren. Die „Analogienähe" zu Fahrzeugen im Flughafenbetrieb ist dadurch gekennzeichnet, dass beide Fahrzeuge festgelegte Fahrrouten haben und primär auf Betriebsgelände eingesetzt werden. Darüber hinaus dienen sie nicht (primär) dem Transport von Personen.

Analogiequelle: Straßenbahnen im ÖPNV
Die Straßenbahn hat sich in vielen deutschen Städten durchgesetzt und stellt somit einen geeigneten Vergleichsfall für die Akzeptanz eines Verkehrsmittels für den Personen-transport im ÖPNV dar. Die Nähe zu batterieelektrischen Bussen ist offensichtlich, da beide elektrisch angetrieben werden und dem öffentlichen innerstädtischen Personenver-kehr dienen.

Analogiequelle: Oberleitungsbus
Ein Untersuchungsgegenstand für mangelnde Akzeptanz im ÖPNV stellt der Ober-leitungsbus dar. Der Oberleitungsbus spielt heutzutage in Deutschland keine bedeutende Rolle mehr im ÖPNV. Betreiber bevorzugen die Alternative wie den Dieselbus, die Straßenbahn und in einigen größeren deutschen Städten die U-Bahn, um die Nachfrage nach Mobilität im innerstädtischen Raum zu bedienen. Das Aufdecken der Ursachen der mangelnden Akzeptanz und des fehlende Vertrauens in die Oberleitungsbusse können wichtige Hinweise für die Betrachtung der Akzeptanz von batterieelektrischen Bussen liefern. Daher wird dieser Fall als zweite Analogiequelle für batterieelektrische Busse genutzt, um einen differenzierteren Einblick in die Betreiber- und Kundensicht zu erlangen.

5.3.3   Experteninterviews im Bereich der Analogiequellen und Analogieschlüsse

5.3.3.1 Flurförderzeuge als Analogiequelle für batterieelektrische Spezialfahrzeuge im Flughafenbetrieb
Der elektrische Antrieb hat bei Flurförderzeugen seit Jahren eine große Bedeutung und einen großen Marktanteil gewinnen können. Mit diesem Fallbeispiel sollen als Analogiequelle vor allem die folgenden beiden Fragen beantwortet werden:

- Welche Faktoren haben die Etablierung des elektrischen Antriebes im Bereich des Gabelstaplers gefördert?
- Welche Vertriebsstrategien unterstützen die Akzeptanz des elektrischen Antriebes in dieser Branche?

Zur Beantwortung dieser Fragen wurde zu wesentlichen Teilen ein Interview mit einem Vertreter des Bereichs „New Business and Products – Electronic Systems & Drives (ES&D)/Connected Solutions" der Linde Material Handling GmbH (Linde MH GmbH) geführt. Die Linde Material Handling GmbH gehört zu den weltweit führenden Herstellern von Lagertechnikgeräten und Gabelstaplern. Des Weiteren bietet sie auch elektrische Antriebssysteme für verschiedene Anwendungen unter dem Label „eMotion" an. Das geführte Interview lieferte folgende Erkenntnisse:

Marktsituation elektrischer Gabelstapler
Der weltweite Markt der Gabelstapler teilt sich in etwa hälftig in zwei Antriebsarten auf: Verbrennungsmotoren und elektrische Antriebe. Die Verbrennungsmotoren werden entweder mit Diesel-Kraftstoff oder gasförmigen Kraftstoffen wie Propan betrieben.

Für die Traktionsbatterie bei elektrischen Gabelstaplern wird größtenteils auf die etablierte Technik von Blei-Säure-Akkus oder Blei-Gel-Akkus gesetzt. Aktuelle Entwicklungen der Energiespeichertechnik, welche stark durch die Elektromobilität im Allgemeinen vorangetrieben werden, brachten die Technik von lithiumbasierten Energiespeichern für elektrische Antriebe hervor. Diese Technik, bekannt aus elektronischen Geräten wie Notebooks und Mobiltelefone, bietet Vorteile gegenüber der etablierten Technik von bleibasierten Energiespeichern in Bezug auf die Leistungsdichte und Wartungsfreiheit.

Vorteile elektrischer Gabelstapler gegenüber solchen mit Verbrennungsmotor
Ein großer Vorteil des elektrischen Antriebs ist die Emissionsfreiheit. Umweltauflagen und Rahmenbedingungen des Arbeitsschutzes begünstigen damit vor allem den Einsatz in Gebäuden. Der elektrische Antrieb emittiert keinerlei Abgase und ist gegenüber der Verbrenner-Technologie deutlich leiser.

Ein weiterer Vorteil ist die bessere Handhabbarkeit eines elektrisch betriebenen Flurförderzeuges durch den Fahrer. Gerade der Einsatz eines Gabelstaplers in Lagern setzt ein feinfühliges Handling voraus. Aufgrund der fehlenden Kupplung und des für einen Elektroantrieb typischen Drehmomentverlauf wird diese Anforderung deutlich begünstigt.

Elektrogabelstapler müssen gegenüber ihren Konkurrenten nicht bei kurzen Standzeiten abgeschaltet werden. Während Fahrzeuge mit Verbrennungsmotor auch „im Stand" – also Leerlauf des Antriebs – Treibstoff verbrauchen, wird in dieser Zeit bei elektrischen Fahrzeugen keine Energie benötigt.

Diese Vorteile der Technologie des elektrischen Antriebes in Flurförderzeugen verhalfen diesen relativ schnell zu einer wachsenden Akzeptanz [26].

Noch zu lösende technische Herausforderungen bei elektrischen Gabelstaplern

Elektrisch betriebene Flurförderzeugen sind für den dauerhaften Außeneinsatz nicht uneingeschränkt geeignet. Raue Einsatzbedingungen und Temperaturschwankungen stellen noch Herausforderungen dar. Für den Außeneinsatz wird noch, unter anderem etwa in der Getränkeindustrie oder in Sägewerken und dergleichen, vermehrt auf den Einsatz von Verbrennungsmotoren gesetzt. Ein weiterer Nachteil batterieelektrischer Flurförderzeuge sind die langen Ladezeiten. Das Betanken des Kraftstoffes kann in deutlich kürzeren Zeiten vonstattengehen, als die Ladung einer Transaktionsbatterie realisiert werden kann. Diese Problematik kann durch einen Batterietausch umgangen werden. Dies stellt jedoch, auf Grund des hohen Gewichtes der Transaktionsbatterie, eine abermalige Herausforderung an den Betrieb der Fahrzeuge.

Aspekte des Vertriebs und der Wirtschaftlichkeit elektrischer Gabelstapler

Ein klarer Vorteil des elektrischen Antriebes ist die Umweltfreundlichkeit. Auf Seiten der Geschäftskunden verfangen allerdings Verkaufsstrategien, die vorrangig auf dem Umweltgedanken beruhen, nicht. Die große Bedeutung der Umweltfreundlichkeit in anderweitigen Vertriebskonzepten kann somit nicht auf den Bereich der Flurförderzeuge übertragen werden. Im Bereich der Geschäftskunden werden Kaufentscheidungen weitaus eher auf der Basis von rechtlichen Rahmenbedingungen, Gesamtkosten und dem organisatorischen Aufwand der Neuanschaffung getroffen.

Gesetzliche Emissionsregelungen, auch in Bezug auf die Arbeitsschutzgesetze, können durch den Einsatz elektrisch betriebener Flurförderzeuge einfacher erfüllt werden. Die Belastung der Mitarbeiter durch Abgase und Lärm ist durch den Einsatz von elektrischer Antriebstechnik stark reduziert.

Die reinen Anschaffungskosten der Fahrzeuge spielen in der Vertriebskommunikation eine eher untergeordnete Rolle, während die Kommunikation der Gesamtkostenbetrachtung – *Total Cost of Ownership (TCO)* – sich als förderlich erwiesen hat:

In der Anschaffungsphase entstehen neben den Anschaffungskosten auch Kosten für den Transport, der Inbetriebnahme und der Ersatzteilvorhaltung. Zusätzlich müssen organisatorische Hindernisse wie die Integration in betriebliche Prozesse und Strukturen beachtet werden, welche mit Personalkosten verbunden sind. In der Betriebsphase verursacht das Fahrzeug unter anderem Energie- und Wartungskosten. Vor allem elektrische Antriebe können mit einem klaren Kostenvorteil in der Betriebsphase punkten. Industrieunternehmen haben in der Regel günstige Energieversorgungstarife. Zudem sind der Wartungsaufwand und das Ausfallrisiko elektrischer Fahrzeuge weitaus geringer. Diese Vorteile relativieren den deutlich höheren Anschaffungspreis eines elektrischen Fahrzeuges in der TCO.

Zum Zwecke der Überwindung organisatorischer Hindernisse beim Kunden setzen die Hersteller als „Lösungsanbieter" vermehrt auf den Vertrieb eines „Gesamtkonzeptes". So werden – neben dem Gabelstapler selbst – auch die Lade- und die Überwachungsinfrastruktur der Fahrzeuge angeboten. Dieses Gesamtkonzept sollte ein auf den Bedarf des Kunden abgestimmtes, individuelles Produkt sein. Der Kunde wird hierfür in die entsprechende Produktplanung involviert. Die Partizipation des Kunden ist hier ein wichtigster Aspekt, um Vertrauen und damit Akzeptanz herbeizuführen und zu fördern. Nicht in der Wettbewerbssituation differenzierende Standardlösungen weisen sich hingegen als akzeptanzschädlich aus. An die Stelle des proaktiven klassischen Vertriebs tritt eine Kundenkommunikationspolitik, die den Kunden dazu bewegt, das Produkt quasi selbst nachzufragen. Dies kann vor allem durch die Kommunikation von Vorteilen der Technologie, durch Referenzkunden oder durch praktische Erprobungen, Messen und anderen Veranstaltungen gefördert werden.

Übertragung auf den Einsatz elektrischer Spezialahrzeuge im Flughafenbetrieb

Im Rahmen des Verkaufsprozesses von elektrischen Flurförderzeugen lässt sich erkennen, dass der Umweltgedanke nicht primär die Akzeptanz der potentiellen Kunden zu fördern vermag. Dieser Umstand könnte bei Flughäfen, die von strengen Umweltauflagen betroffen sind, allerdings anders gelagert sein. Da eingesetzte Spezialfahrzeuge nicht ausschließlich von den Flughafenbetreibern selbst betrieben werden, empfiehlt sich eine grundlegende Betrachtung der individuellen Situation des Betreibers, um eine geeignete Kundenkommunikationsstrategie zu entwickeln.

Die Einteilung der Kostenphasen und der TCO-Ansätze kann aus dem Bereich der Flurförderzeuge auf Spezialfahrzeuge im Flughafenbetrieb übertragen werden. Die Entwicklungskosten eines elektrischen Spezialfahrzeugs für den Flughafenbetrieb sind unter Umständen aufgrund der hohen Individualität, aufgrund geringer Stückzahlen und Sicherheitsanforderungen immens. Diese wirken sich stark auf den Anschaffungspreis aus. Vorteile wie der geringe Wartungsaufwand und die günstigen Strompreise am Flughafen wirken sich wesentlich auf die Betriebskostenverlauf aus und können den Fahrzeugen mit elektrischen Antrieb zu einem konkurrenzfähigen Produkt verhelfen. Aus diesem Grund empfiehlt sich eine Betrachtung der Gesamtkosten (TCO) – von einer einfachen direkten Kommunikation des reinen Anschaffungspreises ist infolgedessen eher abzuraten.

Im Bereich des Flughafens kommen die Verbrauchsvorteile während der Standzeiten sowie das Handling des elektrischen Antriebs im Vergleich zu Verbrennungsmotoren zum Tragen, wie dies auch bei Flurförderzeugen der Fall ist. Einige Fahrmanöver müssen sehr präzise erfolgen, um keine Beschädigungen zu verursachen.

Um die Akzeptanz elektrischer Spezialfahrzeuge im Flughafenbetrieb zu fördern, empfiehlt es sich, ebenso wie in der Branche der Flurförderzeuge, auf eine Unterstützung im Bereich der Überwindung von organisatorischen Hindernissen zu setzen. Mit der Erstellung eines individuellen Gesamtkonzeptes unter Einbeziehung des Kunden ließe sich vermutlich das Vertrauen stärken und geeignete Konzepte identifizieren. Auch die Zusammenarbeit mit anderen Unternehmen aus dem Bereich der Elektromobilität, wie zum Beispiel die Hersteller von Ladesystemen und ein dadurch mögliches Anbieten eines „Full Service", stärkt vorrausichtlich die Akzeptanz der neuen Technologie.

Neben der Kommunikation von Vorteilen des elektrischen Antriebes sollten sich Anbieter batterieelektrischer Spezialfahrzeuge im Flughafenbetrieb besonders auch um die Gewinnung von (internationalen) Referenzkunden bemühen. Erfolgsgeschichten, mit denen sich potentielle Anwender und Abnehmer identifizieren können, tragen sicher dazu bei, das Vertrauen in das Produkt oder Lösungsangebot zu erhöhen.

5.3.3.2 Straßenbahn und Oberleitungsbus als Analogie zum batterieelektrischen Bus im ÖPNV

Die Straßenbahn im ÖPNV

Die Straßenbahn gilt allgemein als akzeptiertes Verkehrsmittel. Ursächlich hierfür mag die geringe Lärmbelästigung im Innenraum sein. Aus Sicht der Betreiber gilt sie zudem als zuverlässiges und sicheres Verkehrsmittel, welches hohe Passagierzahlen befördern kann.

Um sich der Frage zu nähern, welche Aspekte den Einsatz der Straßenbahn im Bereich des ÖPNV fördern und welche Vorteile die Straßenbahn gegenüber anderen Verkehrsmitteln bietet, lohnt sich ein Blick auf die Geschichte der Straßenbahnen.

Der Vorläufer der heutigen Straßenbahn stellen die Pferdebahnen dar. Im Jahr 1832 wurde erstmals ein an Schienen gebundenes Fahrzeug durch Zugpferde bewegt. Vorteile wie die geringere Lärmemission und die erhöhte Passagierbeförderungsleistung – gegenüber den bisherigen eisenbereiften Pferdewagen – verhalfen der Pferdebahn zu ihrem Erfolg. In Deutschland eröffneten bis zum Jahr 1880 in 30 Städten Pferdebahnen. Die Weiterentwicklung von Schienenfahrzeugen wurde aufgrund hoher Betriebskosten (Pferdehaltung und Pferdepflege) schnell vorangetrieben; es wurden Alternativen zur Pferdebahn gesucht. Als Alternative setzte die Stadt Kassel von 1877 bis 1899 auf eine dampfbetriebene Straßenbahn. Die Abgase dieser Technik schadeten dem Stadtbild doch sehr, so dass neue Antriebstechniken gesucht und erprobt wurden. So setzte sich schnell der elektrische Antrieb durch. Im Jahr 1881 wurde die erste elektrische Straßenbahn in Berlin-Lichterfelde in Betrieb genommen. Die Vorteile der neuen Antriebstechnik waren in erster Linie die geringeren Betriebskosten und die Reduzierung von Lärm und Abgasen. Anfangs wurde die Versorgung mit Strom über das Schienensystem realisiert. Diese gefährliche Technik der Stromversorgung wurde rasch durch den Einsatz von Oberleitungen abgelöst. Nach dem ersten Weltkrieg setzte sich die Straßenbahn in Großstädten relativ schnell als Massenverkehrsmittel durch. Das Jahr 1930 gilt als Höhepunkt des Straßenbahnbetriebs in Deutschland. Busse hatten es als Konkurrenz zu Straßenbahnen in Großstädten schwer und wurden vermehrt in den kleineren Kleinstädten eingesetzt. Nach der Zerstörung vieler Straßenbahnnetze im Zweiten Weltkrieg wurden nicht alle Strecken wieder aufgebaut. Darauf folgend wurden immer mehr Straßenbahnnetze in deutschen Städten stillgelegt. Hohe Ölpreise verringerten allerdings ab dem Jahr 1970 die Stilllegungswelle von Straßenbahnstrecken. Teilweise wurden stillgelegte Strecken sogar wieder in Betrieb genommen. Die Ursache dieser Renaissance der Straßenbahnen lag neben dem steigenden Ölpreis auch in der Umstrukturierung der Zuständigkeiten (Übergang von privaten Betreibern zu kommunalen Gebietskörperschaften) im Bereich des ÖPNV.

Um die Akzeptanz der Nutzer und Betreiber von einzelnen Verkehrsmitteln im ÖPNV zu identifizieren, wurde ein Interview mit einem Vertreter einer Regionalverkehrs GmbH geführt:

Die Nutzerakzeptanz der Straßenbahn im Bereich des ÖPNV hängt stark von dem jeweiligen Streckennetz ab. Kunden treffen bei der Wahl ihres Verkehrsmittels vornehmlich rationale Entscheidungen in Bezug auf Reisedauer und Pünktlichkeit. Straßenbahnen und Buslinien sind im Nahverkehr keine Konkurrenten, sondern ergänzen sich gegenseitig. Nur in seltenen Fällen bedienen Straßenbahnen und Busse dieselben Strecken. Folglich nutzt der Kunde das Verkehrsmittel, welches seinen Reisebedarf am günstigsten bedienen kann.

Der Einsatz von Straßenbahnen ist aus Sicht der Stadtplanung und Betreiber immer mit infrastrukturellen Problemstellungen verbunden. Der Bau von Straßenbahnstrecken ist kostenaufwendig und hat eine geringe Akzeptanz in der Bevölkerung. Oberleitungen stören das Stadtbild und Schienensysteme verengen die Straßen. Ein großer Vorteil der Straßenbahn liegt jedoch in der Zuverlässigkeit dieser Technologie. Straßenbahnen können größere Passagierzahlen befördern und haben eine, im Vergleich zu Bussen mit Verbrennungsmotoren, weitaus höhere Gesamtlebensdauer. Ein weiterer Aspekt für den Einsatz von Straßenbahnen ist die Umwelt-freundlichkeit. Immer mehr Städte setzen sich hohe Ziele zur Reduktion von Abgasen im innerstädtischen Verkehr.

Oberleitungsbusse im Bereich des ÖPNV

Der Oberleitungsbus kann als eine Mischung aus Straßenbahn und Bus gesehen werden. Er ist spurgebunden, aber nicht spurgeführt und bringt somit eine Kombination einiger Vorteile und einiger Nachteile beider Verkehrsmittel mit sich [27].

Zur Ermittlung der Akzeptanzfaktoren soll auch ein kurzer Blick in die Geschichte des Oberleitungsbusses gerichtet werden.

Der erste Oberleitungsbus wurde im Jahr 1882 von der Firma Siemens vorgestellt. Jedoch wurde diese Technologie von Siemens nicht weiter verfolgt, da höhere Gewinne mit der Straßenbahntechnologie zu erwarten waren. Nach den Zerstörungen des Ersten Weltkrieges wurde nach Lösungen gesucht, noch funktionierende Oberleitungen unabhängig von den Schienensystemen zu nutzen. Dieser Umstand verhalf dem Oberleitungsbus zu einer gewissen Renaissance. Seine Vorteile des leisen Betriebes, der Umweltfreundlichkeit und der Witterungsbeständigkeit verhalfen dem Oberleitungsbus zu einem Einsatz auf einzelnen Strecken in Deutschland. Nach dem Zweiten Weltkrieg existierten im Gebiet der heutigen Bundesrepublik 22 Oberleitungsbus-Systeme. Heute werden Oberleitungsbusse nur noch auf zwei deutschen Strecken eingesetzt: in Solingen und in Esslingen am Neckar; eine ganze Reihe sind allerdings – dort als „Trolleybusse" bekannt – in der Schweiz in Betrieb.

Grundsätzlich haben Oberleitungsbusse eine stärkere Beschleunigung als Dieselbusse. Dies erlaubt eine effizientere Einsatzplanung, da im Linienverkehr ein schnelles Anfahren die Durchlaufzeiten verringert. Des Weiteren weist der elektrische Antriebsstrang eine höhere Lebensdauer als die Dieseltechnologie auf. Wartungen finden in größeren zeitlichen Abständen statt, so dass die Ausfallzeiten geringer ausfallen. Auch die Emissionsfreiheit am Einsatzort und die günstigen Stromkosten sprechen für den Oberleitungsbus als Alternative. Aufgrund geringer Stückzahlen sind die Anschaffungskosten eines Oberleitungsbusses in etwa doppelt so hoch wie die eines Dieselbusses. Hinzu kommen die Investitionskosten für die Infrastruktur, sowie die Instandhaltungskosten. Oberleitungsbusse sind oft mit einem Hilfsantrieb ausgestattet. Dieser erlaubt es ihnen, kurze Strecken unabhängig und außerhalb der Fahrleitung zurückzulegen. Die sich daraus ergebenen Vorteile, wie die schnelle Wendemöglichkeit und die Ausweichmöglichkeit auf kleine, nicht ausgebaute Streckenabschnitte, heben ihn deutlich von Straßenbahnen ab. Auch die Realisierungszeit (Bauzeit) einer Oberleitungsbus-Strecke von zwei bis vier Jahren ist deutlich geringer als die von schienengebundenen Streckennetzen (10–20 Jahre).

Aus Kostensicht ergeben sich weitere Vorteile: Die Investitionskosten für die Infrastruktur sind, durch das nicht benötigte Gleissystem, um 85 % geringer gegenüber einem Straßenbahnnetz. Gegenläufig ist hingegen der Umstand, dass der Oberleitungsbus systembedingt zwei(!) Oberleitungen zur Energieversorgung der Antriebe benötigt, speziell die Gestaltung von Weichen ist dadurch komplexer.

Die Akzeptanz von Oberleitungsbussen auf Seiten der Betreiber wurde jedoch durch Gesetzesänderungen, Zielvorgaben der Städteplanung und staatliche Subventionen stark gehemmt. Eine Gesetzesänderung, welche die Beförderung von Fahrgästen in Anhängern von Oberleitungsbussen untersagte, machte Neuinvestitionen erforderlich, um weiterhin die gleiche Anzahl an Personen zu befördern. Für Dieselbusse wiederum wurde in den 60er-Jahren eine Mineralölsteuerrückerstattung eingeführt, welche diese Fahrzeuge für die Betreiber attraktiver machte. Diese Eingriffe führten nahezu zum Zusammenbruch des Marktes für Oberleitungsbusse.

Übertragung auf batterieelektrische Busse im ÖPNV
Die möglichen Akzeptanzfaktoren batterieelektrischer Busse sollen anhand einer Betrachtung der Vor- und Nachteile von Dieselbus, Oberleitungsbus und der Straßenbahn erörtert werden.

Förderlich für den Bau von Straßenbahnnetzen war neben der Akzeptanz der Betreiber auch die Kundenakzeptanz. Kunden der Straßenbahn schätzen die geringe Lärmbelästigung im Innenraum und schreiben ihr einen hohen Komfort zu. Diese Aspekte können auf den batterieelektrischen Bus übertragen werden. Förderlich für die Akzeptanz der batterieelektrischen Busse ist auch das Wegfallen der benötigten Oberleitungen, welche aus Sicht der Bevölkerung als störend wahrgenommen wird. Aus Sicht der Betreiber ergeben sich weitere Vorteile für den Einsatz des batterieelektrischen Busses. So vereint dieser die Vorteile des Oberleitungsbusses und der Straßenbahn. Das schnelle Beschleunigungsverhalten des elektrischen Antriebes bietet weiterhin eine effektive Einsatzplanung mit geringen Durchlaufzeiten, Zielvorgaben zur Reduktion von

CO_2-Emissionen können eingehalten werden und es entstehen keine infrastrukturellen Investitionskosten für Oberleitungen, um eine Linie zu betreiben. Geringere Investitionen für die Ladeinfrastruktur müssen jedoch in Kauf genommen werden. Auch die Vorteile in Bezug auf Lebensdauer und Wartungskosten bleiben weiterhin bestehen. Die geringe Reichweite des batterieelektrischen Busses und die Standzeiten während des Ladevorganges wirken sich hingegen negativ auf die Akzeptanz aus.

Zur Schaffung einer Akzeptanz aus Sicht der Betreiber empfiehlt sich eine eindeutige Kommunikation der Vorteile gegenüber anderen Verkehrsmitteln. Um die sich aus der Technik ergebenden Nachteile des batterieelektrischen Busses zu verringern, sind Individuallösungen förderlich. So können Betreiber in Zusammenarbeit mit den Herstellern individuelle Konzepte erarbeiten, um die Traktionsbatterie so zu gestalten, dass die Reichweite auf den Bedarf eines Linienumlaufes angepasst wird. Auch hier kann es hilfreich für die Hersteller batterieelektrischer Busse sein, Partnerschaften zu Ladeinfrastrukturherstellern einzugehen, um Gesamtlösungen anbieten zu können. Die Unterstützung in der Überwindung der organisatorischen Hindernisse wird das Vertrauen in die neue Technologie fördern.

Im Bereich des ÖPNV empfiehlt sich ein teilweise proaktiver Vertrieb, da viele prospektive Betreiber den batterieelektrischen Bussen noch einen Prototypenstatus unterstellen. Vor allem Fachmessen bieten ein hohes Potenzial, auf potenzielle Kunden direkt zuzugehen und die aktuelle Serienreife zu kommunizieren. Des Weiteren kann es, parallel zu den Erkenntnissen aus dem Bereich der elektrischen Spezialfahrzeuge im Flughafenbetrieb, wichtig sein, Referenzkunden aufzuzeigen, um das Vertrauen zu fördern.

5.3.4 Synoptisches Modell – Version 1

Die Akzeptanz elektrischer Spezialfahrzeuge ist (aktuell noch) sehr branchenabhängig. Einige batterieelektrische Spezialfahrzeuge wie der Gabelstapler weisen bereits heute eine hohe Akzeptanz auf. Andere Spezialfahrzeuge, wie der batterieelektrische Bus im Bereich des öffentlichen Nahverkehrs, haben sich noch nicht erfolgreich am Markt etablieren können. Als akzeptanzkritische Faktoren sind hier insbesondere die hohen Anschaffungskosten, aber auch mangelnde Informationen und weiterer Aufklärungsbedarf auf Seiten der Kunden zu nennen. Diesem Aufklärungsbedarf gilt es mit einer verbesserten Kundenkommunikation zu begegnen. Um das Vertrauen in die elektrischen Spezialfahrzeuge zu stärken, werden darüber hinaus individuelle Lösungen benötigt. Aus der Betrachtung der analogen Fälle können die in Abb. 5.2 dargestellten akzeptanzkritischen Faktoren und mögliche Gegenmaßnahmen im synoptischen Modell zusammengefasst werden.

Kritische Akzeptanzfaktoren	Abgeleitete Maßnahmen
Hohe Anschaffungskosten	TCO-Betrachtung über die Nutzungsdauer
Skepsis hinsichtlich Technologie und Funktionalität	Referenzkunden
Hohe Ladezeit der Traktionsbatterie	Individuelle Kundenkonzepte
Organisatorische Herausforderungen (Ladeinfrastruktur)	Vertrieb als Gesamtkonzept
Mangelnde und fehlerhafte Informationen	Kommunikation der Vorteile und technischen Machbarkeit

Abb. 5.2 Akzeptanzkritische Faktoren im Bereich der elektrischen Spezialfahrzeuge

5.3.5 Experteninterviews mit Vertretern des Analogieziels

Zur Verifizierung der Ergebnisse wurden einige strukturierte Interviews mit Experten des Analogieziels durchgeführt. Hierbei wurden die fünf Maßnahmen zur Akzeptanzerhöhung, die sich aus den Analogieschlüssen ergaben (siehe Synoptisches Modell – Version 1), den Experten zur Bewertung vorgelegt. Die Bewertung dieser Maßnahme am aktuellen Markt erfolgte in drei Kategorien:

– die Wichtigkeit der Maßnahme,
– eine Gewichtung des Potenzials dieser Maßnahme und
– eine Einschätzung des derzeitigen Erfüllungsgrades.

Die Angaben erfolgten jeweils auf einer Skala in Prozent. Die Auswertung der Interviews bestätigte eine hohe Wichtigkeit aller fünf Maßnahmen – keine wurde mit einer Wichtigkeit unter 70 % bewertet.

Die höchste Wichtigkeit wird (mit 85 %) der Gewinnung von Referenzkunden zugeschrieben. Des Weiteren weist diese Maßnahme auch das höchste zugeschriebene Potenzial (90 %) auf. Interessanterweise wird der Erfüllungsgrad der Gewinnung von Referenzkunden mit 70 % bereits als sehr hoch wahrgenommen. Das Aufzeigen von Referenzkunden kann in der Branche des ÖPNV die Akzeptanz signifikant erhöhen und wird daher schon von mehreren Herstellern umgesetzt.

Die Maßnahme „Vertrieb als Gesamtkonzept" belegt den zweiten Platz im Bereich der Wichtigkeit (80 %) und im Bereich des Potenzials (85 %). Hierbei ist der wahrgenommene Erfüllungsgrad jedoch noch relativ gering (52,5 %). Im Interview mit einem Experten aus dem Bereich des Flughafenbetriebes stellte sich heraus, dass viele Hersteller elektrischer Spezialfahrzeuge noch keine benötigte Ladeinfrastruktur anbieten, obwohl dies förderlich für die Akzeptanzbildung wäre.

Den höchsten Erfüllungsgrad weist die Maßnahme „Kommunikation der Vorteile und der technischen Machbarkeit" auf (72,5 %). Die Wichtigkeit dieser Maßnahme wurde mit 70 % und das Potenzial mit 77,5 % bewertet. Ausschlaggebend für den hohen wahrgenommenen Erfüllungsgrad sei nach Ansicht der Experten höchstwahrscheinlich die aktuelle Präsenz des Themas Elektromobilität im Allgemeinen.

Das geringste – dennoch relativ hohe – Potenzial weisen die Maßnahmen „TCO-Betrachtung" (70 %) und „Individuelle Kundenkonzepte" (75 %) auf. Die Experten bewerteten die Wichtigkeit der „TCO-Betrachtung" jedoch etwas geringer als die „Individuellen Kundenkonzepte". Ein Experte aus dem Bereich Projektmanagement elektrischer Spezialfahrzeuge merkte im Interview an, dass individuelle Kundenkonzepte die Entwicklungskosten stark steigen lassen. Dies würde sich direkt auf die Anschaffungskosten auswirken. Daher setzen viele Hersteller auf Serienprodukte.

5.3.6   Synoptisches Modell – Version 2

Aufgrund der durchgeführten Interviews mit den Vertretern des Analogieziels konnten die akzeptanzfördernden Maßnahmen noch besser nach Potenzial, Wichtigkeit und derzeitigem Erfüllungsgrad eingeteilt und somit das synoptische Modell weiterentwickelt werden (Abb. 5.3).

Zusammenfassend lässt sich feststellen, dass die abgeleiteten Maßnahmen keineswegs zu vernachlässigen sind, um das Vertrauen und die Akzeptanz in elektrische Spezialfahrzeuge langfristig zu fördern. Hersteller elektrischer Spezialfahrzeuge sollten insbesondere das Anbieten individueller Kundenkonzepte – soweit dies aus Kostensicht

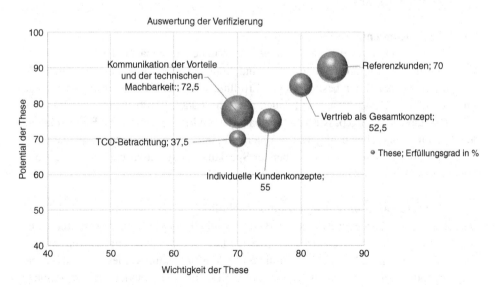

Abb. 5.3 Weiterentwicklung des synoptischen Modells

umsetzbar ist – sowie die Kommunikation der TCO stärker fokussieren. Das Anbieten einer TCO-Berechnung über den gesamten Nutzungszeitraum ist seitens der Hersteller mit wenig Zeit- sowie Kostenaufwand verbunden und weist ein relativ hohes Potenzial zur Akzeptanzförderung auf.

5.3.7   Handlungsempfehlungen

Aus den gewonnenen Erkenntnissen lassen sich einige Handlungsempfehlungen zusammenfassen, die sich auf die Förderung der Akzeptanz elektrischer Spezialfahrzeuge übertragen lassen. Hierbei soll insbesondere auf die akzeptanzkritischen Faktoren eingegangen werden.

Vergleichsweise hohe Anschaffungskosten
Die hohen Anschaffungskosten elektrisch betriebener Spezialfahrzeuge – im Vergleich zu solchen mit Verbrennungsmotor – resultieren in erster Linie aus den hohen Kosten der Energiespeicher (Akkumulatoren) im Fahrzeug. Um beim Kostenvergleich, der bei jeder betrieblichen Anschaffung eine wichtige Rolle spielt, besser abzuschneiden, empfiehlt es sich, eine individuelle Gesamtkostenbetrachtung gemeinsam mit den Kunden zu erarbeiten. Hierbei sollten alle Kosten der Anschaffungsphase und der Betriebsphase berücksichtigt werden. Diese Herangehensweise stärkt aufgrund der persönlichen Partizipation des Kunden zusätzlich das Vertrauen in das gesamte Unterfangen. Kumulierte Gesamtkostenverläufe über den voraussichtlichen Nutzungszeitraum des elektrischen Spezialfahrzeuges können zur Veranschaulichung des Kostenvorteils gegenüber anderen Antriebsarten hilfreich sein.

Individuelle Kundenkonzepte
Individuelle Lösungen helfen das Vertrauen des Kunden auszubauen. Fahrzeuge, welche direkt auf die Anforderungen abgestimmt sind, können das Vertrauen in diese Technologie fördern, da sie auf den bestmöglichen Erfüllungsgrad der Kundenerwartungen abzielen. Individuelle Gesamtkonzepte können auch die Ladezeitproblematik umgehen. Auf den Anwendungsfall angepasste Traktionsbatterien und eine gemeinsame Einsatzplanung des Fahrzeuges umgehen häufig diese Problematik. Individuelle Kundenkonzepte erhöhen zwar die Entwicklungskosten, sind aber für Spezialfahrzeuge aufgrund des darstellbaren Kundennutzens zu empfehlen.

Vertrieb als Gesamtkonzept – „Lösungsangebot"
Organisatorische Herausforderungen in Bezug auf die benötigte Ladeinfrastruktur sollten von Seiten der Hersteller elektrischer Spezialfahrzeuge proaktiv angegangen werden. Partnerschaften mit Anbietern der benötigten Ladeinfrastruktur würden die Attraktivität des Angebots, im Sinne eines Gesamtkonzeptes für den Kunden, sicher erhöhen. Potentielle   Nutzer   von   elektrischen   Spezialfahrzeugen   sind   vor   allem

Industrieunternehmen, welche meist über eine ausreichende Versorgung mit elektrischer Energie verfügen, um die elektrischen Spezialfahrzeuge lokal betreiben zu können.

Darstellung der spezifischen Vorteile und der technischen Machbarkeit

Generell ist zu empfehlen, die Vorteile elektrischer Antriebe im Bereich der Spezialfahrzeuge klar zu identifizieren, um diese zur Akzeptanzförderung in der Kommunikationspolitik zu nutzen. Grundsätzlich helfen diese Informationen den potentiellen Kunden, ihr Wissen in Bezug auf elektrische Antriebssysteme auszubauen und eventuell vorhandene Fehlinformationen zu entkräften. In Branchen, in denen sich die Elektromobilität noch nicht etabliert hat. empfiehlt sich die Strategie eines proaktiven Vertriebs und der proaktiven Kundeninformation. Das direkte Kommunizieren der aktuellen Machbarkeit und der Vorteile eines elektrischen Antriebs kann das Vertrauen von Kunden aus diesen Branchen fördern. Ein sehr wichtiger Aspekt ist die Gewinnung von (überregionalen, internationalen, Wettbewerber-) Referenzkunden. Sie tragen entscheidend dazu bei, sich als Anbieter in verschieden Branchen zu etablieren. Die Kommunikation der Umweltfreundlichkeit empfiehlt sich grundsätzlich nur dann, wenn der Betreiber besonderen Wert auf die ökologische Nachhaltigkeit seines Unternehmens legt.

5.4   Akzeptanz von Fahrassistenzsystemen

Die Untersuchung zur Akzeptanz von Fahrassistenzsystemen nach der Case-based Evidence wurde 2014 im Rahmen einer Masterarbeit von KOCH [28] durchgeführt. Mit der Studie sollte die Akzeptanz von modernen Fahrassistenzsystemen betrachtet werden. Im Fokus sind solche Systeme, die in Gefahrensituationen die (auch teilweise) Kontrolle über das Fahrzeug übernehmen, um die entsprechende Gefährdung abzuwenden.

Der Begriff „Fahrassistenzsystem" (FAS) – im Englischen als Advanced Driver Assistance Systems (ADAS) bekannt – wird fast ausschließlich für solche elektrische Zusatzeinrichtungen genutzt, die den Komfort oder die Sicherheit der Fahrzeuginsassen erhöhen. Um diese Aufgabe erfüllen zu können, bedarf es eines komplexen Zusammenspiels von Messgebern, die den eigenen Fahrzeugzustand kontrollieren und Umweltsensoren, basierend auf Radar, Video oder Ultraschall, die das Fahrzeugumfeld sowie die Witterungsbedingungen erfassen und interpretieren. Je nach Funktionalität versorgen die Systeme auf Basis der vorliegenden Informationen den Fahrer mit Informationen oder greifen direkt in das Fahrgeschehen ein [29].

Fahrassistenzsysteme und deren Weiterentwicklung werden zunehmend als Vorstufe zum völlig autonomen Fahren gesehen. Neben den Komfortaspekten gilt das besondere Augenmerk der Prävention von Unfällen und der Unfallschadensminimierung. Dass Fahrassistenzsysteme diesem Anspruch gerecht werden, zeigen die Unfallstatistiken: Laut ADAC-Studie konnte die Zahl der Verkehrstoten auf deutschen Bundesstraßen im Zeitraum von 1980 bis 2012 um mehr als 70 % auf 2.151 gesenkt werden [30]. Diese

Entwicklung ist zu großen Teilen auf die Verbreitung von Fahrsicherheits- und Fahrassistenzsysteme, wie Airbag, ABS oder auch ESP zurückzuführen. Dieser Trend wird sich mit der weiteren Verbreitung von Fahrassistenzsystemen auch in Zukunft noch fortsetzen [31].

5.4.1   Formulierung der Forschungsfrage

Der Grad der Unterstützung des Fahrers durch Fahrassistenzsysteme reicht von optionalen Empfehlungen bis hin zu vollständig autonomen Eingriffen des Systems in das Fahrgeschehen. In diesem Fallbeispiel zur Case-based Evidence sollte insbesondere untersucht werden, wie Vertrauen in Systeme, die dem Fahrer die Kontrolle über das Fahrzeug (teilweise) entziehen, generiert und gefördert werden kann.

5.4.2   Recherche

Im Zuge der Recherche wurde zunächst ein definitorisches Grundverständnis von Fahrassistenzsystemen und ihren Wirkungsweisen erarbeitet und vorhandene Literatur gesichtet. So zeigt sich eine signifikante Diskrepanz zwischen der mentalen Einstellung und dem tatsächlichen Verhalten vieler Autofahrer. Laut einer KPMG-Studie [32] sind Effizienz, gefolgt von Sicherheit, die entscheidenden Kaufkriterien. Im Gegensatz dazu wurde entsprechend des DAT-Reports 2014 [33] deutlich mehr in Komfort investiert als in die Sicherheitsausstattung des Fahrzeugs. Das Auto stellt demzufolge nach wie vor ein Statussymbol in der Gesellschaft dar. Es wird daher möglicherweise eher in „vorzeigbare" Ausstattung investiert, die das Prestige des Besitzers im Vergleich zu Sicherheitsmerkmalen eher zu steigern vermag.

Für das Vertrauen und die Akzeptanz spielt die Erwartungskonformität eine wichtige Rolle. Aber gerade innovative Systeme können hierbei an ihre Grenzen stoßen. Die komplexen Regelalgorithmen können zum unerwünschten oder fehlerhaften Eingriff des Fahrerassistenzsystems führen. So ist es beispielsweise für ein radargestütztes System nicht zu erkennen, ob das vorausfahrende Fahrzeug langsamer wird, weil es blinkt und die Spur wechselt oder ob es auf der gleichen Fahrbahn stehen bleibt und eine Kollision zu befürchten ist. Im Ergebnis reagiert das Radar nur auf ein langsamer werdendes Objekt und verlangsamt ebenfalls die Fahrt, auch wenn dies nicht nötig wäre. Es kommt damit zu einer für den Fahrer nicht transparenten beziehungsweise erwartungskonformen Aktion des Systems, was letztlich zu Misstrauen führen kann.

Ein weiterer Faktor, der zu einer geringeren Durchsetzung von Fahrerassistenzsystemen der Manöver-Ebene beitragen kann, ist der hohe Preis dieser Systeme, der mit hohen technischen Anforderungen einhergeht, sowie die daraus folgende mangelnde Verfügbarkeit in der Kleinwagen- und Mittelklasse. Auch wenn sich derartige Systeme langsam in die günstigeren Segmente bewegen, herrscht hier dennoch Verbesserungspotenzial [34].

In der Continental Mobilitätsstudie wurde daher auch der Diskussionspunkt aufgeworfen, dass die künftige Einführung neuer Systeme von unten über Kleinwagen und Mittelklasse schneller erfolgreich wäre als der typische Innovationsprozess über die Fahrzeugoberklasse. Diese These wird in den Experteninterviews angesprochen und auf eine mögliche Umsetzung geprüft [35].

5.4.3 Auswahl der Fälle

Es ist naheliegend, die Suche nach strukturähnlichen Fällen in der Historie der gleichen Branche zu beginnen. Für die Analogieschlüsse werden daher zunächst zwei historische Fälle aus der Automobilbranche herangezogen: das Antiblockiersystem (ABS) als Sicherheitsfunktion und das Navigationssystem als Komfortausstattung

Das ABS reagiert autonom bei starken Bremsvorgängen und kann vom Fahrer (in der Regel) nicht ausgeschaltet werden. Es gehört mittlerweile zur selbstverständlichen Standardausstattung eines jeden PKW.

Das Navigationssystem, als Komfortausstattung, versorgt den Fahrer permanent mit Informationen und Handlungsoptionen, wie es auch die neueren Assistenzsysteme tun. Auch das Navigationssystem gehört mittlerweile mit hoher Akzeptanz nahezu zur Standardausstattung eines PKW.

In den beiden Automobilbeispielen wird analysiert, wie die Entwicklung hin zur Serienausstattung beziehungsweise zum genutzten Standardsystem gelang und welche Maßnahmen auch auf die neueren diskutierten Fahrassistenzsysteme übertragen werden könnten.

Komplexe Assistenzsysteme kommen nicht nur im Automobil vor. In der Luftfahrt unterstützt der Autopilot den Piloten in ähnlicher Weise wie aktuelle Fahrerassistenzsysteme. Allerdings ist die Luftfahrt sowohl technisch, als auch rechtlich schon um einiges weiter, so dass ein vollkommen autonomer Flug bereits weitestgehend verwirklicht ist.

Ebenfalls weit fortgeschritten ist die Automatisierung im Bahnverkehr. Hier nimmt der Zugführer häufig nur noch eine Kontrollfunktion ein. Teilweise fahren U-Bahnen auch schon voll automatisiert – so seit vielen Jahren in der Stadt Nürnberg. Sowohl der Autopilot als auch autonom fahrende Bahnen spiegeln die prognostizierte Zukunft der Straßenmobilität wider und bilden in dieser Hinsicht eine interessante Basis für Analogien.

5.4.4 Analogieschlüsse

5.4.4.1 Das Antiblockiersystem (ABS)

Aufgabe des ABS ist es, das Blockieren der Räder zu verhindern beziehungsweise möglichst kurz zu halten, um die Lenkbarkeit des Fahrzeugs bei starkem Bremsen sicherzustellen. Das erkannte hohe Potenzial zur Unfallvermeidung hat dazu geführt, dass sich der Verband europäischer Automobilhersteller (ACEA) auf eine freiwillige Selbstverpflichtung verständigt hat, durch welche das Antiblockiersystem seit 2004 zur Serienausstattung in jedem neu zugelassenen Fahrzeug in der EU gehört. Diese Maßnahme hat entscheidend zu seiner Verbreitung und damit zur Erhöhung des Sicherheitsstandards in deutschen PKW beigetragen.

Das ABS verhält sich im Auto völlig unauffällig und ist für den Fahrer kaum wahrnehmbar. Lediglich ein kurzes Aufleuchten der Kontrollleuchte beim Start signalisiert die Funktionstüchtigkeit des Systems – ein dauerhaftes Leuchten der Kontrolllampe weist wiederum auf eine Störung des Systems hin. Da der Fahrer das System weder einschalten muss, noch in sonstiger Weise mit ihm in Interaktion steht, muss er der Wirkungsweise blind vertrauen, was er auch macht.

Im Falle eines Eingriffs des Systems bleibt es den Insassen bis auf dem Fahrer weitestgehend verborgen. Für den Fahrer war in Vergangenheit noch ein systembedingtes Pulsieren des Bremspedals durch das Auf und Ab des Bremsdrucks zu spüren, welches aber im Laufe des technischen Fortschritts entfernt wurde.

Vor der Einführung des ABS wurde in Fahrschulen die sogenannte „Stotter-Bremsung" gelehrt. Dabei sollte die Bremse so lange betätigt werden bis die Reifen blockieren. Danach wurde der Bremsdruck kurz verringert und wieder erhöht sobald die Räder nicht mehr blockierten. Genau dieses „stottern" wird nun vom ABS übernommen. Es ist daher erforderlich, beim Bremsen mit durchgängig gleichem Druck das Bremspedal zu betätigen. Um Autofahrer daran zu gewöhnen. wird dies heute in Fahrschulen entsprechend anders unterrichtet.

Das Antiblockiersystem wird über alle Hersteller hinweg als solches bezeichnet und stellt daher heute keinen Unsicherheit verursachenden Faktor beim Autokauf mehr dar.

Übertragung auf neue Fahrassistenzsysteme
Genau wie das ABS tragen innovative Fahrassistenzsysteme maßgeblich zur Sicherheit im Straßenverkehr bei. Obwohl das ABS weitaus weniger komplex arbeitet als eine Objekterkennung, dürfte den meisten Fahrern auch die genaue Funktionsweise des ABS unbekannt sein, so dass in beiden Fällen Wissen durch Vertrauen ersetzt werden muss.

Im Gegensatz zu aktuellen Fahrerassistenzsystemen wird das Antiblockiersystem stets als solches bezeichnet und wird konsequent mit dem Akronym ABS abgekürzt. Für innovative Systeme, wie der autonomen Notbremsung, gibt es demgegenüber häufig eine weitreichende Nomenklatur, die einem intuitiven Verständnis sicher nicht zuträglich ist. Diese unterscheidet sich nicht nur von Marke zu Marke, sondern variiert teilweise sogar zwischen verschiedenen Baureihen. Das Vertrauen in aktuelle Systeme könnte auf

Grund der Verunsicherung und der Verwirrung der Autokäufer durch diese Namensflut untergraben werden.

Dadurch dass ein Eingriff des ABS für den Fahrer kaum wahrnehmbar ist, wird eine „Bloßstellung" des Fahrers, wie es beispielsweise bei akustischen Warnungen von innovativeren Systemen der Fall sein könnte, vermieden. Der Fahrer muss nicht aktiv auf einen Ton, eine visuelle oder haptische Warnung reagieren, sondern erhält lediglich die Rückmeldung des ABS, dass es seinen „Job" verrichtet hat. Es kann vermutet werden, dass sich dieses dezente Agieren positiv auf die Akzeptanz auswirkt.

In der Regel verbreiten sich alle Neuerungen in der Automobilindustrie von der Luxusklasse über Kompaktklasse bis hin zu Kleinwagen. Die Selbstverpflichtung zum Einsatz von ABS scheint eine Ausnahme gewesen zu sein. Innovative Systeme drängen zwar mehr und mehr in die unteren Preisklassen vor, gehören aber definitiv noch nicht zur Serienausstattung. Eine (Selbst-) Verpflichtung der Hersteller zum Einbau von besonders sicherheitserhöhenden Systemen würden sich sicher positiv auf die Unfallstatistiken auswirken.

5.4.4.2 Das Navigationssystem

Systeme zur Fahrzeugnavigation – in ihren unterschiedlichsten Ausprägungen – gehören zu den Fahrassistenzsystemen, die seit vielen Jahren akzeptiert sind. Trotz populär gewordener Irrfahrten, bei denen Navigationsgeräte die Fahrer über gesperrte Routen, Wanderwege oder in Flüsse lotsten, ist das Vertrauen in diese Systeme auf unbekannten Strecken sehr groß. Es wird darauf vertraut, dass diese Systeme effizienter – zuverlässiger in kürzerer Zeit – den richtigen Weg finden, als der Fahrer selbst.

Neben den Navigationslösungen der Automobilhersteller, die den klassischen Verbreitungsweg von der Luxusklasse über Komfortklasse nahmen, gibt es mittlerweile auch zahlreiche Möglichkeiten der Nachrüstung. Neben mobile Einheiten von Drittanbietern können auch aktuelle Smartphones mit passenden Apps zur Navigation genutzt werden. Auf diese Weise gelang es in den vergangenen Jahren, die Assistenzsysteme zur Fahrzeugnavigation unabhängig von der Fahrzeugklasse und relativ kostengünstig zu etablieren.

Da das Navigationssystem nicht unauffällig im Hintergrund agiert, sondern den Fahrer permanent mit Informationen versorgt, hängt die Akzeptanz von dem wahrgenommenen Nutzwert ab. Der Nutzwert ist dabei mehrdimensional, hierarchisch und gewichtet. Neben Faktoren wie der sicheren Navigation, Usability, Preis und Aktualität spielen für die Akzeptanz auch „Wohlfühl-Aspekte" eine entscheidende Rolle. Bei heutigen Navigationsgeräten hat der Nutzer zahlreiche Einstellungsmöglichkeiten nach seinen persönlichen Vorlieben. Er kann meist zwischen unterschiedlichen Routen und Routenarten, wie etwa kürzeste, schnellste, mit oder ohne Autobahn, wählen. Die meisten Navigationssysteme bieten auch die Möglichkeit, die Stimme für Fahranweisungen zu wählen. Auf diese Weise kann eine dem Fahrer angenehme Atmosphäre im Auto geschaffen werden. Bei Nachtfahrten erfolgt ein Dimmen des Displays, um den Fahrer nicht zu blenden oder zu stark abzulenken. Die Lautstärke der Fahranweisungen kann geregelt oder auch ganz abgeschaltet werden, so dass der Fahrer, wenn er Musik hört oder in einer Unterhaltung ist, nach graphischer Anleitung fährt, aber ansonsten nicht weiter gestört wird.

Übertragung auf neue Fahrassistenzsysteme

Die zahlreichen Anpassungsmöglichkeiten und die Möglichkeit des gänzlichen Ausschaltens des Navigationssystems haben sicherlich maßgeblich zur Akzeptanz beigetragen. Dies sollte daher als Gestaltungsprinzip für innovative, den Fahrer informierende, Systeme herangezogen werden. Systeme, die den Fahrer in Gefahrensituationen warnen, müssen selbstverständlich auf sich aufmerksam machen. Ein Ansatz könnte sein, die Art des Signals – akustisch, visuell oder haptisch – der Präferenz des Fahrers zu überlassen.

Nach der Analyse zweier Systeme aus der Historie des Automobils werden im Folgenden andere Branchen herangezogen, um weitere Rückschlüsse auf das Analogieziel zu finden. Einleitend werden die Funktion sowie die strukturelle Ähnlichkeit des Autopiloten zum Automobilbereich dargestellt, bevor anhand von Veröffentlichungen zur Wahrnehmung des Systems relevante Fragen für das Experteninterview abgeleitet werden.

5.4.4.3 Der Autopilot im Flugverkehr

Der Autopilot kann sehr gut als Vergleichsfall für Fahrassistenzsysteme herangezogen werden, die in Richtung „autonomes Fahren" gehen. Ziel ist es zum einen, die Akzeptanz des Autopiloten durch den Piloten selbst und durch Flugpassagiere zu analysieren, und zum anderen den Einführungsprozess neuer Systeme zu betrachten. Die wichtigsten Funktionen des Autopiloten sind:

– Autonomes Landen
– Stabilisierung um alle Achsen
– Unterstützung bei schlechtem Wetter
– Autonomes Fliegen eines definierten Kurses
– Automatisches Eingreifen bei Notsituationen
– Kontrolle der Piloteneingaben

Der Grundgedanke des Systems – nämlich die Fokussierung auf das Wesentliche und Sicherheitsrelevante – weist eine starke Ähnlichkeit zum bereits dargestellten Navigationssystem im PKW auf. Allerdings ist das Aufgabenspektrum des Autopiloten deutlich umfassender, so dass das autonome Fliegen im Vergleich zum autonomen Fahren bereits weiterentwickelt ist. Der Autopilot ist ein mögliches Abbild einer automobilen Zukunft, die durch den Einzug und die clevere Verknüpfung innovativer Assistenten zunehmend Gestalt annimmt.

Laut der Vereinigung Cockpit rücken daher auch die Flugzeughersteller von ihrer Überzeugung ab, der Mensch sei der höchste Risikofaktor im Luftverkehr und das Risiko sei nur durch technische Lösungen gen Null zu treiben. Schließlich kann die Technik auch nur auf bereits erlebte und nicht neue Problemstellungen reagieren, weshalb die Intuition und Kreativität des Piloten unersetzbar ist. Dennoch sind die Schwächen des Menschen eindeutig vorhanden, so dass ein ausgeklügeltes Zusammenspiel der Automation und des Menschen angestrebt werden muss. Zielführend soll hierbei unter anderem die Konstruktion des Cockpits nach Maßstäben des Human Centered Designs (HCD) sein, welches eine optimale Abstimmung auf die Stärken und Schwächen des Menschen vorsieht. Eingabeknöpfe werden nicht nur optisch unterschiedlich geformt, sondern fühlen sich bei Betätigung auch verschieden an, um eine zielsichere Handhabung zu gewährleisten. Zur konsequenten Umsetzung einer bestmöglichen Arbeitsumgebung werden neuerdings Piloten bereits in der Designphase der Cockpits hinzugezogen, so zum Beispiel bei der Entwicklung der B777 und im Evaluation Team des A380.

Der Einsatz von Automatismen wird gefordert, sobald technische Präzision, Ermüdungsfreiheit und Entlastung von Routineaufgaben gefragt sind. Aber auch in diesen Situationen muss der Pilot stets über die aktuellen Eingriffe sowie den Betriebszustand informiert werden und eine Übersteuerung des Systems muss möglich sein [36].

Das Luftfahrt-Bundesamt (LBA) veröffentlichte bereits 1995 diverse Empfehlungen zur Vermeidung von Unfällen mit dem Autopiloten. Im Kern weisen diese Empfehlungen darauf hin, dass es unabdingbar ist, sich näher mit den Systemen auseinanderzusetzen. Dies beinhaltet die ausführliche Einweisung in die Betriebsweise sowie ein Studium der Betriebs- und Verfahrensanweisungen im Handbuch (Pilots Manual) [37]. Die Umsetzung der Empfehlungen bleibt jedoch nicht der Eigeninitiative der Piloten überlassen, sondern wird aktiv von Flugschulen oder Airlines unterrichtet.

Übertragung auf neue Fahrassistenzsysteme

Der wichtigste Aspekt, der aus dem „Autopilot-Fall" übernommen werden kann, ist, dass der Umgang mit dem Autopiloten nicht den Piloten selbst überlassen wird. Genauso wenig wird es möglich oder sinnvoll sein, Autofahrer ohne eine nähere Einweisung mit Fahrassistenzsystemen fahren zu lassen, die eine Änderung in der Fahrzeugführung mit sich bringen.

Der Autopilot soll den Piloten in erster Linie von Routineaufgaben entlasten. Ein Aspekt, der hier sicherlich bei den Piloten Vertrauen generiert, ist die Möglichkeit, auf manuellen Betrieb umschalten zu können. Auch im Fahrzeug können unterschiedliche Systeme – wie bereits etablierte Systeme wie der Tempomat beweisen – eine Entlastung darstellen. Entscheidend ist aber auch hier, dass der Fahrer jederzeit selbst wieder die Kontrolle übernehmen kann. In Gefahrensituationen wird sich der Fahrer höchstwahrscheinlich eher auf ein eingreifendes System verlassen. Die potenzielle Möglichkeit einer Kontrollübernahme wird sich jedoch sicherlich positiv auf das Vertrauen und damit die Akzeptanz auswirken.

5.4.4.4 Die Automatisierung im Schienenverkehr

Neben der Luftfahrtbranche ist auch der Schienenverkehr bereits durch einen hohen Grad an Automatisierung gekennzeichnet, so dass Zugführer vermehrt eine Kontroll- und Überwachungsfunktion einnehmen.

Als Paradebeispiel für die Automatisierung im Schienenverkehr dient die erste vollautomatische U-Bahn Deutschlands, die in Nürnberg mit der Eröffnung der Linie 3 im Juni 2008 in Betrieb ging. Sie war zugleich die erste Metro weltweit, die während der Einführungsphase im Mischbetrieb genutzt wurde. Hierbei teilen sich automatisch und manuell gesteuerte Züge das Streckennetz. Die ursprüngliche Taktzeit der Linie von 200 Sekunden konnte somit zunächst auf 150 Sekunden im Mischbetrieb und später auf 100 Sekunden im automatischen Betrieb reduziert werden.

Diese Effizienzsteigerung sowie der flexiblere Einsatz der Züge wurden als Hauptargumente in der Kommunikation für das Projekt genutzt, um die Bevölkerung von der Sinnhaftigkeit der Automatisierung zu überzeugen. Um Misstrauen vorzubeugen und die Akzeptanz zu erhöhen, wurden außerdem die komplexe Technik der Sicherheitssysteme sowie der hoch angesetzte Standard erläutert. Die offene Kommunikation wurde als wesentlicher Baustein des Erfolgs dieser Pionierarbeit eingestuft.

Trotz der guten Öffentlichkeitsarbeit konnte den ersten Testpersonen jedoch das mulmige Gefühl beim anfänglich etwas ruppigen Bremsen und Anfahren – und dem Wissen gänzlich der Technik ausgeliefert zu sein – nicht gänzlich genommen werden. Dieses stellte sich erst nach einer gewissen Zeit des Mitfahrens ab und wurde durch Vertrauen in die Technik ersetzt. Zur weiteren Stärkung des Sicherheitsgefühls werden die ehemaligen Lokführer nun auch im Kundenservice eingesetzt und begleiten die Fahrten, so dass den Fahrgästen stets ein Ansprechpartner zu Seite steht. Außerdem können die Servicekräfte im Notfall eingreifen und das System manuell steuern.

Die Gründe der Entwicklung in Richtung Vollautomatisierung sind vielfältig und reichen von einer erhöhten Energieeffizienz und Pünktlichkeit bis hin zu einem in Echtzeit automatisch optimierten Fahrbetrieb. Ein einflussreicher Treiber ist die starke Urbanisierung. Die Zahl der Stadtbewohner wird sich bis zum Jahr 2050 auf 6,4 Mrd. erhöhen, was etwa 70 % der Weltbevölkerung entsprechen wird. Eine korrespondierende Anpassung der Kapazitäten des öffentlichen Nahverkehrs durch neue Linien ist meist nicht möglich. Daher gilt es, die vorhandene Infrastruktur effizienter zu nutzen. Die Automatisierung einer Strecke erlaubt durch kürzere Taktzeiten eine gesteigerte Kapazität von bis zu 50 %. So können kurze Zugfolgen von 80 bis 90 Sekunden realisiert werden, um dem steigenden Passagieraufkommen gerecht zu werden. Ermöglicht wird dies unter anderem durch das Fahren im „Bewegtblock", was bedeutet, dass die Lok stets den exakt benötigten Bremsweg vor sich her schiebt, wodurch Raumabstände verkürzt werden können. Neben der erhöhten Sicherheit kann somit auch auf Signale, die bisher die Freigabe des Streckenabschnitts meldeten, bevor der Zug weiterfahren konnte, verzichtet werden. Ferner können – wenn Messen oder andere Großveranstaltungen anstehen – zusätzliche Züge per Knopfdruck aus dem Depot mobilisiert werden, ohne die Notwendigkeit einer kurzfristigen Personalbeschaffung [38, 39].

Das erwähnte Fahren im „Bewegtblock" wirkt sich zudem positiv auf die ökologische Effizienz der Züge aus. Die resultierenden optimierten Beschleunigungs-, Brems-, und Fahrvorgänge können den Energieverbrauch je nach Automatisierungsgrad um bis zu 30 % senken [38].

Die geringe Zahl an voll automatisierten Bahnstrecken in Deutschland ist nicht allein durch hohe Umrüstungskosten begründet, sondern basiert auch auf rechtlichen Voraussetzungen. Gemäß § 45 Abs. 1 der Eisenbahn Bau- und Betriebsordnung (EBO)müssen Triebfahrzeuge während der Fahrt mit einem Triebfahrzeugführer besetzt sein. Ausnahmen gibt es lediglich für das funkgesteuerte Rangieren oder das Fahren von Zügen im Nahbereich, allerdings muss auch hier Personal vor Ort sein. Dieses übernimmt jedoch nur eine kontrollierende Aufgabe und soll vor allem die Freiheit der Strecke überwachen, so dass auch ein IC oder ICE weitestgehend autonom bremst, beschleunigt oder anhält. Der Zugführer weist lediglich regelmäßig per Signal nach, dass er sich an seinem Arbeitsplatz befindet.

In Österreich ist die Gesetzeslage nicht derart eingeschränkt, so dass künftig auch Regionalbahnen auf existierenden Strecken durch offenes Gelände autonom fahren werden. Hierfür werden eine Hinderniserkennung sowie ein funk- und GPS-basiertes Zugleitsystem genutzt. Diese Verbindung erlaubt den Verzicht auf bauliche Änderungen oder Absperrungen der Strecke. Der Fahrer wird durch ein autonomes System mit Laserscannern, Kameras, Radar-, Infrarot- und Ultraschall-Sensoren ersetzt. Mit Hilfe all dieser Sensoren können Objekte mit einer Größe von 40 x 40 cm aus einer Entfernung von 100 m erkannt werden. Bei schlechten Wetterverhältnissen erreicht das System eine deutlich bessere Erkennungsleistung als das menschliche Auge, wodurch die Sicherheit im Bahnverkehr sogar gesteigert wird.

Übertragung auf neue Fahrassistenzsysteme
Wie im Schienenverkehr besteht auch im Straßenverkehr ein Handlungsbedarf, rechtliche Fragen zu adressieren. Derzeit ist autonomes Fahren gemäß der Wiener Konvention noch nicht gestattet. Aktuelle Modelle von Mercedes Benz können jedoch bereits zum Großteil autonom Strecken zurücklegen. Der Fahrer muss aber auch hier in zeitlichen Abständen durch einen Eingriff seine Anwesenheit signalisieren. Auch wenn derzeit noch zahlreiche teure Sensoren für eine umfassende Nutzung der Automatisierung im Straßenverkehr oder auf offenen Bahnstrecken nötig sind, so ist die technische Machbarkeit doch offensichtlich gegeben. Durch sinkende Elektronik-Preise wird diese Technik zunehmend attraktiver, so dass rechtliche Anpassungen auch im Straßenverkehr immer dringlicher werden.

Aus dem Beispiel der autonom fahrenden U-Bahn in Nürnberg lässt sich vermuten, dass eine offene Kommunikation der Verantwortlichen sowie die Vermittlung von technischem Verständnis und das aktive Testen für das Vertrauen und die Akzeptanz förderlich sind.

Bei den Bestrebungen, Fahrassistenzsysteme zum Einsatz zu bringen, die ein autonomes Fahren ermöglichen, sollte auch die Übergangsphase des Mischbetriebes berücksichtigt werden. Aus dem Schienenvergleich war ferner zu lesen, dass sich die Akzeptanz deutlich erhöht, sobald ein Zugführer mit an Bord ist, der notfalls den Zug auf manuellen Betrieb umstellen kann. Daraus lässt sich ableiten, dass sich auch die Akzeptanz solcher Systeme in PKWs durch eine potenzielle Möglichkeit, selbst eingreifen zu können, wahrscheinlich steigen ließe – selbst wenn diese Möglichkeit sicherlich höchst selten in Anspruch genommen würde.

5.4.5   Experteninterviews

Die Experteninterviews sollten im nächsten Schritt tiefergehende Informationen aus den jeweiligen analogen Fällen liefern. Hierzu wurden passende Interviewpartner aus der Automobilbranche, der Luftfahrt und dem Schienenverkehr identifiziert, bei denen eine Expertenvermutung unterstellt werden konnte. Anschließend wurden angepasste Gesprächsleitfäden zur Strukturierung der Gespräche und als Gedächtnisstütze erarbeitet.

Im Anschluss wurden noch einige Interviews mit Vertretern des Analogieziels geführt, um die gewonnenen Analogieschlüsse hinsichtlich ihrer Machbarkeit zu hinterfragen.

5.4.5.1 Experten der Automobilbranche

Da sich die Forschungsfrage explizit auf Produkte und Verhaltensweisen im Automobilbereich bezieht, erfolgt hier eine tiefere Aufgliederung der Expertensuche. Für eine umfassende Betrachtung wurden verschiedene Akteure der Wertschöpfungskette herangezogen, beginnend bei den Zulieferern über die Hersteller bis hin zu den Autohäusern, die die Vermittlung an Endkunden sowie den Service übernehmen. Zusätzlich erfolgte die Befragung einer Fahrschule, um Einblicke in die Ausbildung künftiger Käufer zu erhalten.

Im Verlauf der ersten Interviews kristallisierte sich bereits heraus, dass das größte Potenzial zur Akzeptanzsteigerung wohl in der Zusammenarbeit der Automobilhersteller (OEMs) und der Autohäuser zu vermuten ist. Deshalb wurde eine Intensivierung der Befragung von Autohäusern vorgenommen.

Alle Interviewpartner sind bereits seit Jahren in der Automobilbranche tätig und erhalten durch ihre jeweiligen Positionen Zugang zu allen relevanten Informationen der Fragestellung. Ferner wurde darauf geachtet, dass es sich nicht nur um Mitarbeiter des Verkaufs handelt, sondern auch eine differenzierte Einschätzung aus der Sicht eines Serviceleiters vorliegt. Abschließend wurde die Meinung des Geschäftsführers einer größeren Fahrschule eingeholt, der zudem als Kreisvorsitzender des Landesverbandes bayrischer Fahrlehrer tätig ist, wodurch ihm die Probleme, Wünsche und Prozesse des gesamten Geschäftsfeldes bekannt sind. Diese Befragung ist nicht nur mit Blick auf die Entwicklung des ABS und das neue Erlernen des Bremsens von Bedeutung, sondern kann auch eventuelles Verbesserungspotenzial in Bezug auf Aufklärung und Heranführung von Fahrschülern an innovative Fahrerassistenzsysteme offenbaren, um frühzeitig Berührungsängste zu nehmen.

5.4.5.2 Experte der Luftfahrtbranche

Die Expertenbefragung der Luftfahrtbranche konzentriert sich auf die Einschätzung des Managing Directors der Pilot Training Network GmbH, einer Tochtergesellschaft der Lufthansa Flight Training GmbH. Dieses Unternehmen bietet Flugschülern, Piloten und Airlines ein weitreichendes Ausbildungs- und Trainingsangebot.

In der Befragung wurde versucht, neben der Perspektive des Piloten – der in diesem Fall analog die Rolle des Autofahrers einnimmt – auch zu erfragen, welche Einstellung der Passagiere gegenüber dem Autopiloten herrscht. Hier galt es, die Parameter zu identifizieren, die zum Vertrauen in die Technik und zur Akzeptanz entscheidend beitragen. Auf der anderen Seite war es von Interesse zu erfahren, wie den Piloten das Potenzial, aber auch die Grenzen des Autopiloten verdeutlicht werden.

Wie im geführten Interview zu erfahren war, spielen Simulatoren in der Aus- und Weiterbildung von Piloten eine entscheidende Rolle. Realitätsnahe Anwendung sind das zentrale Werkzeug zum Aufbau von Vertrauen gegenüber dem Autopiloten. Die positiven Erlebnisse, die mit dem System in zahlreichen Flugstunden gemacht werden, führen schrittweise zu einem gesunden – nicht blinden – Vertrauen in das System sowie einer konsequenten Nutzung. Darüber hinaus können das Potenzial und die Grenzen des Autopiloten vollkommen risikolos getestet werden. Jeder Warnhinweis des Manuals wird in der Ausbildung der Piloten im Simulator durchflogen, um Überraschungen bei späteren Flügen zu vermeiden.

Hinsichtlich der Entwicklung des Autopiloten wurde gefragt, wie er sich als Standard durchsetzen konnte und welchen Einfluss die Erfahrungen und Rückmeldungen der Piloten bei der Entwicklung hatten.

5.4.5.3 Experte des Schienenverkehrs

Zur Klärung der Diskussionspunkte des Schienenverkehrs wird ein erfahrener Projektleiter der Branche hinzugezogen. Dieser arbeitet für eine Verkehrs-Aktiengesellschaft, welche den öffentlichen Nahverkehr einer großen deutschen Stadt sowie deren Umland mit U-Bahnen, Straßenbahnen und Bussen organisiert. Äußerst relevante Erfahrungen konnte der Befragte in der Leitung eines innovativen Automatisierungsprojektes sammeln. Fragestellungen zur Akzeptanz und zum Vertrauen in das automatisierte System sowie einer effektiven Kommunikation zur Förderung eben dieser Punkte standen hierbei im Vordergrund:

– Was sind die größten Hindernisse und wo liegen die relevanten Erfolgsfaktoren eines Automatisierungsprojektes im Schienenverkehr?
– Da laut Recherche eine offene Kommunikation als einer dieser Faktoren von den Verantwortlichen eingestuft wird, sind deren wichtigste Argumente und Kanäle

darzustellen. Hierbei ist auch zu klären, welche Rolle die Vermittlung von technischem Verständnis und das aktive Testen für das Vertrauen und die Akzeptanz spielt.

– Ferner stellt sich die Frage, wie im Mischbetrieb des Schienennetzes ein Vertrauen der Zugführer zu den mitfahrenden Automaten hergestellt werden konnte. Dies ist ein wichtiger Faktor für den Straßenverkehr, da auch hier zunächst nicht jeder Verkehrsteilnehmer automatisch unterwegs sein wird, sondern eine schrittweise Automatisierung – vermutlich vom oberen ins untere Fahrzeugsegment – erfolgt.

– Die erfolgreiche Umsetzung des Rubin-Projektes erweckt den Anschein, es gäbe eine höhere Akzeptanz des autonomen Fahrens im Schienen- als im Straßenverkehr. Hier ist eine Einschätzung der unterschiedlichen Voraussetzungen interessant.

– Aus den Informationen zum Autopiloten wurde deutlich, dass Piloten bei der Entwicklung der Systeme mit eingebunden wurden, um deren Erfahrungswissen zu nutzen. Interessant ist demnach auch, ob dies in ähnlicher Weise bei der Gestaltung der automatischen Züge im Schienenverkehr durchgeführt wird. So könnten neben dem Know-how der Zugführer auch die Wünsche der Fahrgäste Beachtung finden.

– Ein weiterer Diskussionspunkt sind die Auswirkungen des höchsten Automatisierungsgrades (UTO) auf das Empfinden der Fahrgäste. So könnte es hierbei zu deutlich stärkeren Akzeptanzproblemen führen, da man sich der Technik ausgeliefert fühlt.

5.4.6 Synoptisches Modell

Abbildung 5.4 zeigt positive Faktoren für die Akzeptanz von Fahrassistenzsystemen.

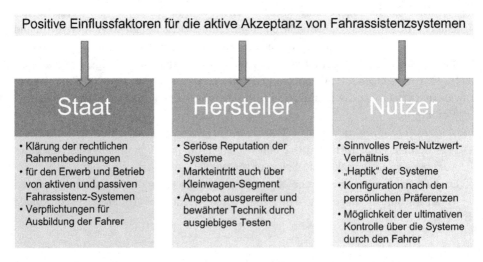

Abb. 5.4 Positive Einflussfaktoren für die Akzeptanz von Fahrassistenzsystemen

5.4.7 Handlungsempfehlungen

Einigkeit herrschte in den Gesprächen nicht nur bei der Frage zur Existenz eines Handlungsbedarfs, sondern auch in Bezug auf den Schlüssel für ein hohes Maß an Akzeptanz und Vertrauen. Der Fokus muss eindeutig auf die „Erlebbarkeit der Systeme" gelegt werden. Nichts wird als derart wirkungsvoll eingestuft wie die Möglichkeit, innovative FAS selbst erleben zu können, um die Funktionsfähigkeit und den Nutzen der Systeme zu erfahren. Ein Überdenken der klassischen Marketinginstrumente scheint hier unabdingbar. Es sollten Instrumente eingesetzt werden, die ebenso innovativ sind wie die FAS selbst, um dem Anspruch eines umfassenden Erlebnisses gerecht zu werden.

Dieses Erleben ist durch eine optimierte Systementwicklung und umfassende Aufklärung zu stützen. Im Rahmen der Aufklärung nehmen auch die Nebenakteure eine entscheidende Rolle ein, da sie nicht als „Verkäufer" auftreten, sondern einen eher neutralen Part und eine Lenkungsfunktion einnehmen. Diese besteht vor allem in der „Erziehung" zu einem erweiterten Sicherheitsbewusstsein und der Vermittlung objektiver Informationen.

Handlungsempfehlungen im Bereich der Fahrzeugentwicklung
Die Systementwicklung ist durch die Kooperation der Zulieferer und OEMs gekennzeichnet. Ein Kundenkontakt findet in dieser Zusammenarbeit kaum statt. Dennoch müssen auch in diesem Bereich Maßnahmen getroffen werden, um ein bestmögliches Fundament für den Vertrauensaufbau und die Akzeptanz beim Kunden zu legen:

– Bevor mit der eigentlichen Entwicklungsarbeit begonnen wird, sollten Endkunden einbezogen werden, um deren Bedürfnisse, aber auch Ängste in Bezug auf neuartige Systeme zu erfassen. Derzeit erfolgt die Einbeziehung von Endkunden in einem sehr überschaubaren Rahmen. Eine intensivierte Nutzung von Kundenerkenntnissen vor und während der Entwicklung bietet nicht nur die Möglichkeit, besser angepasste Systeme zu produzieren, sondern auch die frühzeitige Bildung von Meinungsführern in der Gesellschaft. Eine derart starke Integration von Kunden wurde auch im Rahmen des Automatisierungsprojektes im Schienenverkehr genutzt. Zunächst wurden vor Projektbeginn die Bedenken erfragt, um diese aktiv in der Durchführung angehen zu können. Im Projektverlauf wurden immer wieder Kunden eingeladen, um die Fortschritte vorzustellen und die Einhaltung relevanter Kundenanforderungen zu signalisieren. Diese fühlten sich verstanden sowie in ihren Wünschen berücksichtigt, was sie auch gegenüber Dritten kommunizierten. Dadurch konnte eine positive Grundstimmung geschaffen werden.
– Die Relevanz der Benutzerschnittstelle sollte beachtet werden. Die wichtigsten Aspekte sind hier:
  – einfache Bedienung und klares Anzeigenkonzept,
  – erwartungskonformes und konsistentes Verhalten,

- schnelle Eingewöhnung,
- Wirksamkeit im realen Straßenverkehr,
- Systemeingriffe nur bei erkannter Unfallgefahr sowie
- die Preisgestaltung.

Als wichtigste Erfolgsfaktoren lassen sich demnach die intuitive Nutzung sowie die Transparenz und die Erwartungskonformität der Eingriffe festhalten. Zur Steigerung der Erwartungskonformität muss dem Fahrer stets klar sein, worauf und wie das System reagiert. Daher gilt es, in der Entwicklung einen starken Fokus auf die Verbesserung der Anzeigenkonzepte zu legen, um Überraschungseffekte beim Fahrer zu vermeiden. Unerwartete Aktionen schaffen Misstrauen und erhöhen das subjektive Risiko eines Zwischenfalls, wodurch eine intensive Nutzung der Systeme sowie der vertrauensbildende Prozess hinausgezögert werden oder unterbleiben.

- Die Möglichkeit, das System auf seine individuellen Bedürfnisse einstellen zu können, wurde als durchaus akzeptanzfördernd eingestuft. Die Übertragung der Konfigurierbarkeit auf Warnhinweise innovativer FAS wurde dementsprechend ebenfalls als wirkungsvoll eingestuft.

Handlungsempfehlungen im Bereich Verkauf
Im Anschluss an die optimierte Systementwicklung des OEMs in Kooperation mit den Zulieferern setzt der potenziell effektivste Maßnahmenkatalog der Hauptakteure an. Bereits vor der Verfügbarkeit der Systeme muss mit Hilfe umfassender Kommunikation Neugier und Interesse geweckt, aber auch schon ein gewisses Maß an Aufklärungsarbeit geleistet werden.

Empfehlungen für Autohäuser
Die zur Verfügung stehenden Printmedien der Autohäuser, wie Kataloge, Bedienungsanleitungen und Preislisten sollten überprüft und gegebenenfalls überarbeitet werden. Sie sollten den Kriterien der Eindeutigkeit und Einfachheit genügen und um Elemente wie Statistiken, Testimonials oder auch persönliche Statements von Kunden erweitert werden. Zu kritisieren ist vor allem die herrschende Komplexität und die unüberschaubaren Warnhinweise in den Medien. So werden die Bedienungsanleitungen der Fahrzeuge mit der steigenden Zahl verfügbarer Systeme nicht nur immer dicker, sondern beinhalten auch für jedes System zahlreiche – teilweise verklausulierte – Ausnahmen [40]. Diese können potenzielle Käufer abschrecken oder nach dem Kauf von einer intensiven Nutzung der Assistenten und dem damit verbundenen Vertrauensbildungsprozess abhalten. Die Aufführung dieser Nutzungshinweise ist für die OEMs gesetzlich vorgeschrieben, so dass sie nicht gänzlich gelöscht werden können. Allerdings sollte auf eine möglichst einfache Erklärung geachtet werden. Denkbar wäre auch ein Link in der Online-Bedienungsanleitung, um zu einem erklärenden Video oder gar einer interaktiven Oberfläche zu gelangen. Auf den Umgang mit Warnungen wird auch im Abschnitt „Handlungsempfehlungen aus dem Bereich der Marketinginstrumente" eingegangen. Eine weitere Herangehensweise ist die Entschlackung und Priorisierung der Anleitung mit Blick auf

die tatsächlich verbauten Optionen des Fahrzeugs, wie es bereits von Porsche geplant wurde [41]. Die Reduktion auf die relevanten Systeme soll den Fahrer zum Lesen der Hinweise und somit zu deren besserem Verständnis sowie einer intensiveren Nutzung führen.

Da der persönliche Kontakt im Autohaus als wirkungsvollster Kommunikationsweg angesehen wird, ist die Zusammenarbeit des OEMs und der Autohäuser zur Optimierung der dortigen Kommunikation ein entscheidender Faktor. Ein Teil der Experten bemängelte in den Interviews die verbesserungs-würdige Unterstützung in der Schulung des Verkaufspersonals. So wurde lediglich eine Produktschulung pro Jahr am Fahrzeug angeboten, weiterer Bedarf musste über E-Learning abgedeckt werden. Dies ist unter Anbetracht der wichtigen Position der Verkäufer – als Schnittstelle zum Käufer – nicht ausreichend. Die Weiterbildung stellt nicht nur die Fachkompetenz sicher, welche nötig ist, um den Kunden das Potenzial und die Grenzen der Systeme adäquat vermitteln zu können, sondern soll auch die Begeisterung für das Produkt sicherstellen. Jegliche Weiterbildung in dieser Hinsicht ist einerseits auf die Wissensvermittlung, andererseits aber auch auf das Erleben der Systeme zu stützen, da nur so die nötige Begeisterung erreicht werden kann. Diese vom Verkäufer auf den Kunden im Gespräch übertragen zu können, ist äußerst kaufentscheidend. Hierbei ist auch verstärkt auf die Fortbildung zum Thema professionelle Gesprächsführung und anderer Soft Skills einzugehen.

Empfehlungen für Online-Verkaufsplattformen
Online-Plattformen sind mittlerweile die zentrale Anlaufstelle für die Suche nach Gebrauchtwagen und bieten daher auch ein hohes Kontaktpotenzial zu Assistenzsystemen.

Um dieses nutzbar zu machen, sollten die Auswahlkriterien in der Suchfunktion auf Automobil-Verkaufs-Plattformen angepasst werden. Die Detailsuche zweier großer deutscher Plattformen, mobile.de und AutoScout24.de, enthält bereits Auswahlfelder für Fahrassistenzsysteme. Als vorteilhaft wird die Aufspaltung der Suche nach „Innenausstattung" sowie „Sicherheit" und „Umwelt" bei mobile.de eingestuft [42]. Demgegenüber wirkt die große, alphabetisch sortierte Kategorie „Ausstattung" bei AutoScout24 eher unübersichtlich und gibt uninformierten Käufern keinen Aufschluss, in welcher Art sich die Merkmale auswirken [43].

Zur Optimierung wird vorgeschlagen, auch innovative Assistenzsysteme als direkte Wahlmöglichkeit aufzuführen, um diese in den Blickpunkt der Käufer zu rücken und die Möglichkeiten im Bereich Sicherheit darzustellen. Außerdem könnte die Suche noch weiter unterteilt werden, um der Sicherheit als extra Feld eine größere Relevanz zuzuordnen.

Handlungsempfehlung im Bereich Schulung und Aufklärung
Eine wichtige Rolle im Bereich Schulung übernehmen die Fahrschulen, die zukünftig einen Erstkontakt mit den Assistenzsystemen in Theorie und bestenfalls auch Praxis

gewährleisten sollten, um Berührungsängste zu nehmen und die Relevanz des Themas Sicherheit zu verdeutlichen.

Gemäß des Experten ist der theoretische Unterricht stark abhängig von der jeweiligen Einstellung des Fahrlehrers. Hegt dieser selbst ein Misstrauen gegenüber den Systemen, ist es durchaus möglich, dass die Systeme gar nicht zur Sprache kommen. Hier ist die Notwendigkeit einer staatlichen Regulierung gegeben. Wie auch bei der Ausbildung von Piloten sollte die theoretische Einführung in moderne Assistenten vorgeschrieben werden. In der Luftfahrt gibt die LBA dies vor und muss den Lehrplan der Ausbildungsstätten genehmigen.

Das Kennenlernen der Systeme in der Praxis ist ebenfalls je nach Ausstattung der Fahrschule gegeben oder nicht. Handelt es sich um Low-Cost-Schulen, sind meist nur sehr preiswerte Schulungsfahrzeuge mit geringer Ausstattung vorhanden. Als Lösung sollte hier neben dem meist angebotenen Rabatt auf den Gesamtpreis zusätzlich oder stattdessen eine Rabattierung von innovativen Sicherheitssystemen durch OEM beziehungsweise Autohäuser angesetzt werden. Eine bessere Ausstattung der Fahrschulen baut Kontaktbarrieren ab und schafft in Zukunft einen aufgeschlossenen potenziellen Kundenkreis.

Analog zu den Flugsimulatoren könnten Simulationen auch auf den Automobilbereich übertragen werden. Sicherlich lassen sich nicht derart originalgetreue Simulatoren wie in der Pilotenausbildung umsetzen, da diese mit enormen Kosten verbunden sind. Eine reduzierte Variante sollte nach Ansicht der Experten unter Berücksichtigung der Wirksamkeit beispielsweise als mögliche Ausstattung großer Autohäuser in Betracht gezogen werden. Die Dauer eines Autokaufs ist zwar deutlich kürzer als die Ausbildung zum Piloten, dennoch kommt es meist zu mehreren Besuchen im Autohaus, bevor eine Entscheidung fällt. Während dieser Besuche können die verklausulierten Warnhinweise aus Bedienungsanleitungen aktiv ausgetestet werden, um diesbezügliche Bedenken auszuräumen. Synergieeffekte der Systeme müssen nicht umständlich erklärt, sondern können wirksam erfahren werden.

Eine Aufklärung über die Sicherheitsaspekte von FAS könnte auch mit medialer Unterstützung erfolgen. Als historisches Beispiel kann hierfür die ehemalige Sendereihe der „7. Sinn" herangezogen werden. Diese Verkehrsfilme sorgten jahrelang für die Wissensvermittlung rund um den Straßenverkehr, bevor sie 2005 eingestellt wurde. Die immer schneller fortschreitenden technologischen Neuerungen könnten auch heute auf diese Weise kompakt erklärt und aufgezeigt werden. Untermauern ließe sich eine solche Sendung durch Statistiken und Vergleiche, um die Wirksamkeit der Systeme zu beweisen.

Eine Abstimmung mit den OEMs und Autohäusern wäre hierfür denkbar. So könnten die hauseigenen Teststrecken der OEMs unter Bereitstellung von Fahrzeugen aus einem ansässigen Autohaus die Kosten des ADAC-Trainings senken und gleichzeitig als kostenlose Werbung für die Marke dienen.

Automobilclubs wie der ADAC betreiben mit ihrem Internetauftritt und den erhältlichen Magazinen schon ein gewisses Maß an Aufklärung, welches sich aber durch spezielle Fahrertrainings deutlich intensivieren lässt. So gibt es im breit aufgestellten Angebot des ADAC noch kein Fahrerassistenztraining, um die Systeme kennenzulernen. Dies liegt vor allem an den hohen verbundenen Kosten, da derartige Trainings meist in großen Testzentren oder auf Rennstrecken unter Einsatz moderner Technik durchgeführt werden müssten. Das Unternehmen entwickelt aber bereits Ansätze, um Seminare zu einem vertretbaren Preis einer breiten Schicht von Verkehrsteilnehmern anbieten zu können.

Magazine wie „Auto Motor Sport" oder auch „Auto Bild" gehen bereits mehr auf Innovationen der Branche ein und versuchen diese auch zu erklären. Dies sollte weiter ausgebaut und ebenfalls mit Statistiken bekräftigt werden.

Ferner könnte ein kurzes Glossar am Ende beigefügt werden, welches über verfügbare Fahrerassistenzsysteme, dem Potenzial zur Verkehrssicherheit und die verschiedenen Bezeichnungen sowie inbegriffenen Funktionen der Hersteller aufklärt.

Handlungsempfehlungen aus dem Bereich der Marketinginstrumente
Ein einhelliges Ergebnis der Experteninterviews lautete, dass eine frühzeitige und multimediale Öffentlichkeitsarbeit stark zur Akzeptanz innovativer Systeme beitragen kann. Ein früher Beginn – bereits in der Entwicklung – ist unabdingbar, um bis zur Serienreife ein gewisses Vertrauen zu ermöglichen. Als wichtigste Kanäle werden hier das Fernsehen für den Erstkontakt mit einem breiten Publikum, interaktive Elemente im Web 2.0 für weiterführende Informationen und vor allem der persönliche Kontakt für eine intensive Beratung identifiziert. Inhaltlich muss vor allem der Nutzen der Systeme fokussiert werden, welcher mit Statistiken, persönlichen Statements und dem Bezug zu alltäglichen Situationen untermauert werden sollte. Die Relevanz des Parameters „Einfachheit" in der Systementwicklung ist auch auf die Kommunikation zu übertragen. Nutzen und Produktvorteile sind klar zu kommunizieren, um sie als positive Faktoren des Akzeptanzobjektes zu verwenden.

Ferner stützt die eindeutige Visualisierung der positiven Konsequenzen den Aufbau einer aufgeschlossenen, bejahenden Grundhaltung gegenüber den Systemen und kann die öffentliche Meinung beeinflussen. Mit Blick auf den Akzeptanzkontext kann so möglicherweise sogar ein gewisser Übernahmedruck durch moralische Wertschätzung aufgebaut werden.

Wichtigste Aufgabe des Bereichs Marketing bildet das Schaffen von Erlebnissen und Erfahrungen mit den Systemen, da Erlebbarkeit als stärkster Einfluss auf Vertrauens- und Akzeptanzbildung eingestuft wird.

Vergleicht man die Entwicklungen in der Kommunikation hinsichtlich Fahrassistenzsystemen von der Einführung des ABS bis heute, so zeigt sich, dass in der Werbung heute das Bild einer „heilen Welt" vermittelt wird. Bei der Einführung des ABS wurde auf die Darstellung von Unfallfolgen ohne dieses System gesetzt. Dies sollte den potenziellen Käufern die Augen öffnen und das Potenzial der Systeme präsentiert werden. Verständlicherweise will jeder Hersteller seine Autos im besten Licht zeigen und das Image des Fahrzeugs unterstreichen. Heutige Fahrzeuge bieten bereits zahlreiche Sicherheits- und Assistenzsysteme wie Airbags oder Seitenaufprallschutz in der Basisausstattung, so dass die Insassen durchaus gut geschützt sind und beim Kauf oftmals gar nicht erst über Zusatzoptionen nachdenken. Dieses Sicherheitsgefühl lässt viele Autofahrer jedoch vergessen, dass sie nicht allein auf der Straße sind und mit ihrem Fahrzeug eine gewisse Verantwortung gegenüber anderen Verkehrsteilnehmern tragen. Aktive Assistenzsysteme, die in der Regel nicht in der Basisausstattung zu finden sind, schützen nicht nur das eigene Fahrzeug vor Schäden, sondern können auch das Leben Dritter retten. Die Kommunikation der OEMs sollte auch diesen Nutzen für Dritte verdeutlichen und so nicht nur den Verkauf der Systeme vorantreiben, sondern auch ein höheres Sicherheitsbewusstsein für schaffen.

Die verkaufsfördernde Wirkung der Subventionierung von neuen Technologien im Packaging von Optionen durch den OEM wurde von den Experten als wichtig aber auch ausbaufähig eingestuft. Attraktive – sowohl aus monetärer als auch funktionaler Sicht – Sicherheitspakete sollten geschnürt und vor allem auch beworben sowie gekennzeichnet werden. Diesbezüglich wurde ein Branding für Sicherheit vorgeschlagen. Bestärkt wird dies auch durch die identifizierten Gründe der mangelnden Übereinstimmung von Einstellung und Handeln zum Thema Sicherheit. Das Fahrzeug gilt in unserer Gesellschaft immer noch als Statussymbol Nummer eins und verleiht dem Besitzer Prestige. Daher sind vorzeigbare und fühlbare Ausstattungen meist favorisiert. Sicherheitsoptionen, wie eine autonome Vollbremsung, sind aber unsichtbar und erst im Ernstfall fühlbar. Anzustrebendes Ziel müsste es daher sein, das „sichere Fahrzeug" als prestigeträchtig zu positionieren. Zur Attraktivitätssteigerung von Sicherheitsmerkmalen könnte die Einführung eines sichtbaren Symbols eine wichtige Rolle spielen. Dieses könnte sich beispielsweise am zusätzlichen edel anmutenden „L" als Ausstattungskennzeichen des BMW 7ers in der Langversion orientieren.

Optische Kennzeichnungen wurden bereits in der Vergangenheit der Automobilbranche genutzt, um auf besondere Sicherheitsmerkmale hinzuweisen. Hierfür wurden bisher allerdings eher plakative und wenig prestigeträchtige Aufkleber verwendet, wie dies beispielsweise in den 1980er-Jahren mit dem System „Procon-ten" (von programmed contraction und tension) von Audi geschah. Anstatt einer OEM-spezifischen Ausgestaltung erscheint eine staatliche Vorgabe der Positionierung und Optik des Brandings durchaus vorteilhaft, um möglichst schnell eine hohe Bekanntheit zu erreichen und einen einheitlichen, anerkannten Sicherheitsstandard zu schaffen. Eine derartige Umsetzung ist jedoch unter Anbetracht der OEM-Interessen und der zahlreichen feinen Unterschiede der Systeme eher unwahrscheinlich.

Markenabhängige Zweifel werden als gegeben angeführt, wobei diese fast ausschließlich dem Image der Marke beruhen und nicht durch konkrete Erlebnisse mit Systemen zurückzuführen sind. Eng verbunden hiermit sind auch markenabhängige Erwartungen an die Systeme. So wird von Sicherheitssystemen deutscher Premium-Hersteller ein viel höheres Leistungsniveau erwartet als von anderen, obwohl oftmals der gleiche Zulieferer dahintersteckt und eventuell nur das Overlay angepasst wurde. Diese markenabhängigen Zweifel gilt es mit einer gezielten Kommunikation und einer Image-Verbesserung aus der Welt zu schaffen. Diesbezügliche markenabhängige

Maßnahmen werden allerdings nicht weiter erläutert, da generelle Empfehlungen für Assistenzsysteme abgegeben werden.

Handlungsempfehlungen im Bereich der monetären Anreize

Eine umfangreiche Aufklärungsarbeit ist ein wichtiger Schritt auf dem Weg zum anzustrebenden Verkehrssicherheitsbewusstsein. Da Wissen allein oftmals nicht genügt, um auch eine entsprechende Handlung auszulösen, können sich monetäre Anreize unterstützend auswirken. Diese wurden von den Experten als wichtigste Stütze einer starken Durchdringung im Markt gesehen, da der Faktor Geld für viele enorm wichtig ist. Es darf aber nicht vergessen werden, dass im Voraus zunächst Vertrauen und Akzeptanz aufgebaut werden muss, um den Kauf innovativer FAS überhaupt in Betracht zu ziehen. Für die anschließende Kaufentscheidung können Einsparungen aber das Zünglein an der Waage sein.

Sowohl Versicherungen als auch der Staat könnten entsprechende Maßnahmen ergreifen. Aktionen dieser beiden Akteure induzieren – auf Grund ihrer erziehenden beziehungsweise auf Gefahr hinweisenden Aufgaben in der Gesellschaft – ein deutliches Signal der Erwünschtheit beziehungsweise der moralischen Wertschätzung bei den Autofahrern:

Für den Staat bieten sich beispielsweise Ansatzpunkte bei der KFZ-Steuer und den Vorschriften für Firmenfahrzeuge. So könnten Steuersenkungen für Sicherheitsausstattungen eingeführt werden. Deren Höhe könnte zum Beispiel auf Basis des Potenzials zur Steigerung der Verkehrssicherheit aus erhobenen Statistiken berechnet werden. Das Steuersystem würde damit nicht nur umweltschonende, sondern auch lebensrettende Fahrzeuge begünstigen. Dabei erscheint der Schutz von Menschenleben als Bewertungskriterium vielen Autofahrern sicherlich als nachvollziehbarer und gerechtfertigt.

Des Weiteren lassen sich mit einer zielgerichteten Anpassung der Firmenwagenregelung ein großer Teil der Vielfahrer – zum Beispiel Außendienstler – in ihrer Entscheidung für oder gegen Assistenzsysteme beeinflussen. Gerade diese Personengruppe würde enorm durch die Systeme profitieren. Viele sind tägliche mehrere Stunden unterwegs, wodurch die Konzentration mit steigender Müdigkeit leiden kann. Spurhalte- und Abstandsregelsysteme können hier entlastend eingreifen.

Die derzeit geltende 1 %-Regelung wurde als Steuervereinfachung eingeführt und setzt ein Prozent des Listenpreises als monatlichen geldwerten Vorteil an. Die Höhe dieser Belastung entscheidet nicht nur über die Wahl der Marke, sondern auch über die gewählten Optionen. Mit wiederholtem Blick auf die Stellung des Autos in der Gesellschaft sowie die Problematik des Komfort- und Optikvorzugs beim Kauf ist zu unterstellen, dass sich viele Außendienstler gegen Fahrerassistenzsysteme entscheiden. Als Gegenmaßnahme wäre die Reduktion des Listenpreises um den Wert der gewählten Assistenzsysteme denkbar. Somit erhöhen diese nicht die Belastung des Nutzers und werden im Rahmen der Kaufentscheidung deutlich attraktiver.

In ähnlicher Weise könnten auch Versicherungen die Investition der Autokäufer in die Sicherheit belohnen. Die Errechnung des Beitragssatzes besteht aus zahlreichen Variablen. Die Leistung des Fahrzeugs, die Fahrererfahrung und die Verfügbarkeit einer

Garage sind nur einige dieser Faktoren. Als äußerst relevant kann die Typenklasse des Fahrzeugs angesehen werden. In dieser Einstufung werden das Risiko eines Versicherungsfalls und die Unfallzahlen eines Fahrzeugs berücksichtigt. Hinzu kommt eine regionsabhängige Unfallbilanz, die über die Regionalklasse ebenfalls den Beitrag beeinflusst [44].

Diese komplexe Berechnung bezieht indirekt auch Assistenzsysteme mit ein, so dass viele Versicherer Extra-Rabatte nicht einräumen wollen. Denn je mehr Fahrzeuge mit Sicherheitstechnik ausgestattet sind, desto geringer die Unfallzahl und -folgen, wodurch die Versicherungskosten und schließlich auch die Typenklasse sinken. So wurden beispielsweise etliche Audi-Modelle besser eingestuft, da sie über ein hohes Potenzial zur Verhinderung von Unfällen verfügen [45].

Das Problem dieses indirekten Vorteils ist allerdings, dass sich die Autokäufer im Voraus nicht bewusst sind, wie sich die Ausstattung des Fahrzeugs tatsächlich auswirkt. Daher wäre die Einführung von Rabatten mit direkt einsehbaren Einsparungen und dem Bezug zur gewählten Ausstattung ratsam. Die Autokäufer könnten sich dann bewusst dafür entscheiden und den Sicherheitsnutzen als echten Barwert erkennen.

Ein weiterer positiver Nebeneffekt dieser monetären Anreizsysteme ist die schnellere Verbreitung der Systeme über den Gebrauchtwagenmarkt. Entsprechend der Experten spielen Assistenzsysteme derzeit für den Wiederverkaufswert kaum eine Rolle, so dass Fahrzeuge mit zahlreichen Sicherheitsfeatures preislich nicht sehr viel teurer sind als die anderen. Da sich die Sicherheitstechnik über die beschriebenen Methoden aber kostenmindernd auf die Versicherungsbeiträge und Steuern auswirken würden, erscheint auch weniger gut verdienenden Bevölkerungsschichten, die sich kein neues Fahrzeug leisten können oder wollen, die Investition in Sicherheit lohnender, so dass sich die Systeme deutlich schneller verbreiten könnten. Als Konsequenz der steigenden Nachfrage würde zwar wahrscheinlich auch der Preis dieser Fahrzeuge steigen, allerdings sollte dies durch die wiederkehrenden Ersparnisse überlagert werden.

5.5   Akzeptanz des „GovData"-Portals des Bundesinnenministeriums

Im Februar 2013 ist „GovData – Das Datenportal für Deutschland", das vom Fraunhofer Institut FOKUS in Berlin im Auftrag des Bundesministeriums des Inneren (BMI) entwickelt wurde, als Beta-Version in Betrieb gegangen. Fast augenblicklich formierte sich eine – in diversen Internet-Foren und -Plattformen – durchaus lautstarke Opposition, die versuchte, das GovData-Portal zu diskreditieren. Im Sommersemester 2013 untersuchte eine studentische Arbeitsgruppe am Information Management Institut (IMI) der Hochschule Aschaffenburg, in Kooperation mit Fraunhofer FOKUS, die Rezeption des GovData-Portals; es sollten Wege aufgezeigt werden, wie die aktive und passive Akzeptanz verbessert werden könnte [46]. Eine zentrale Komponente der Gesamtstudie stellte eine auf Case-based Evidence basierende Betrachtung dar.

Die Aufgabe dieser Studie war es, auf Grundlage von Internetrecherchen und Experteninterviews, sowohl die Kritiker und die von diesen vorgebrachten Kritikpunkte, als auch deren Adressaten zu ermitteln. Bereits bei den ersten Recherchen zu Beginn der Studie zeigte sich, dass die technische Entwicklung und juristische Positionierung der in Betrieb gegangenen Beta-Version einen massiven Konvergenzpunkt der Kritiker darstellt. Diese Beobachtung bestätigte sich bei einer weitergehenden Betrachtung der Kritiker-landschaft sowie in Experteninterviews. Als eine erste zentrale Erkenntnis lässt sich festhalten, dass die rechtlichen Aspekte und die technische Entwicklung zwar wichtig sind, jedoch auch eine Betrachtung der sozio-ökonomischen Begleitumstände angezeigt ist – letzteres unterblieb aber bei der Inbetriebnahme der Beta-Version.

5.5.1 Formulierung der Forschungsfrage

Eine Vorgabe war die Hypothese, dass es zu einer Erhöhung der Akzeptanz des GovData-Portals unumgänglich sei, die Anbieter und Nachfrager öffentlicher Daten in einen konstruktiven Dialog zu führen. Für Hinweise zur Gestaltung eines solchen Dialogs, in dem auch konstruktiv-kritische Stimmen Gehör und Beachtung finden, wurde der Blick auf andere Branchen und Anwendungsbereiche gerichtet.

Es sollte untersucht werden, wie der Dialog von Anbietern und Nachfragern öffentlicher Daten für das GovData-Portal gestaltet werden kann, so dass die Akteure untereinander in Kommunikation treten und schlussendlich die Nutzung öffentlicher Daten insgesamt akzeptabler gemacht werden kann.

5.5.2 Auswahl der Fälle

Die Community als akzeptanzfördernde Maßnahme am Beispiel der DATEV-Community

Der Austausch von Informationen innerhalb einer organisierten Gruppe im Internet wird bekanntermaßen als Online-Community bezeichnet. Das Konzept der Online-Community spielt als Marketinginstrument im Web 2.0 eine entscheidende Rolle: Kunden, Lieferanten und Entwicklern dient sie als Kommunikationsinstrument, über das Erfahrungen ausgetauscht, Verbesserungsvorschläge gemacht, die Kundenzufriedenheit überprüft und die Zusammenarbeit verschiedener Akteure herbeigeführt werden kann. Dabei kann eine Online-Community auf verschiedenen Plattformen aufgebaut und vernetzt werden.

Die Funktionen und die Vorteile einer Online-Community wurden anhand der Analogiequelle DATEV e.G. analysiert. Die DATEV e.G., ein Anbieter von Software-lösungen und IT-Dienstleistungen für Steuerberater, Wirtschaftsprüfer, Rechtsanwälte und Unternehmen, wurde als Fall ausgewählt, da sie ein umfassendes Angebot zur Kommunikation für Nutzer und Interessierte bietet. Es wird nicht nur auf einen klassischen Blog, sondern auch auf diverse Social Media-Angebote, eine Job-Börse sowie ein „Schwarzes Brett" verwiesen. Dabei lassen sich die unterschiedlichen Community-Angebote zu diversen Zwecken nutzen.

E-Commerce
In einer zweiten Analogiequelle sollen Mechanismen analysiert werden, die im Online-Handel als wichtigem Segment des E-Commerce erfolgreich angewendet werden, um potenzielle Nutzer zu generieren aber auch dazu beitragen, die Zufriedenheit der bestehenden Nutzer zu erhöhen und aufrecht zu erhalten. Am Beispiel des E-Commerce soll zudem untersucht werden, welche Maßnahmen dazu dienen, die allgemeine Nutzbarkeit der Internetportale zu maximieren.

5.5.3   Analogieschlüsse

5.5.3.1 DATEV-Community
Die DATEV bietet ein umfassendes Angebot für ihre Community. Im Folgenden werden einige dieser Funktionen und deren Vorteile beschrieben.

DATEV-Newsgroup
Die DATEV-Newsgroup dient in erster Linie dem Erfahrungsaustausch und der gegenseitigen Hilfe. In diversen Themenbereichen haben Anwender der Software, Interessierte und Spezialisten die Möglichkeit, sich über Probleme, Erfahrungen und Neuigkeiten auszutauschen. Vor allem die Vielzahl an qualifizierten Nutzern führt in solchen Foren in der Regel zu schnellen und praktikablen Lösungen.

Social Media
DATEV ist in den meisten etablierten sozialen Netzwerken vertreten. Hier findet sich zunächst der Link zum DATEV-Blog. Ähnlich wie in der DATEV-Newsgroup werden hier unter anderem Einblicke in aktuelle Entwicklungen rund um die DATEV gegeben. Entscheidend ist allerdings die Möglichkeit, sich mit Nutzern austauschen und vernetzen zu können, unter anderem über führende Soziale Netzwerke wie Facebook, Twitter und Google+. Vernetzen und Diskutieren mit „Gleichgesinnten" ist hier auf einfache Weise möglich. Dies fördert den Bekanntheitsgrad und hilft, neue Nutzer zu werben. Durch eine möglichst breite Präsenz und qualitativ hochwertige Informationen im Internet können sich grade potenzielle Kunden ausführlich informieren und werden leicht an die Funktionen und Vorteile der DATEV-Produkte herangeführt. Für die bestehenden Kunden hat die Vernetzung den Vorteil, immer tagesaktuell über neue Themen informiert zu werden. Um das Angebot für die Community möglichst breit zu fächern, verfügt die DATEV außerdem über Präsenzen auf YouTube, XING, Kununu, Flickr und Instagram. Vernetzen und Informieren steht auch bei diesen Plattformen im Vordergrund.

Übertragung auf den Fall GovData

Überträgt man das Konzept einer solchen Community mit den genannten Vorteilen auf den Fall des GovData-Portals, liegt die Vermutung nahe, dass dies durchaus positive Auswirkungen auf die derzeit herrschende Akzeptanz hätte. Durch die Einführung einer offiziellen „GovData-Community" ließen sich die Akteure aus allen verschiedenen Interessensgruppen gezielt miteinander vernetzen und die Diskussion rund um das Portal auf dem Portal – ähnlich der DATEV-Newsgroup – vereinen.

Eine Community kann außerdem ein praktisches Mittel sein, um Kenntnis darüber zu erlangen, welche Arten von Daten interessant für die Nutzer sind. Hier könnte auch die Präsenz in Sozialen Medien von Vorteil sein, um in einer breiteren Öffentlichkeit Interesse an dem Portal zu wecken. Grundsätzlich ließen sich positive Effekte in den Bereichen Information und Kommunikation, Entwicklung und der Gewinnung von neuen Interessenten und Nutzern erzielen.

Konkrete Nutzungsszenarien, die in der Community vorgestellt werden, könnten die Datensätze und somit das gesamte GovData-Portal interessanter für alle machen. Die Datenbereitsteller wüssten über Qualitätserwartungen besser Bescheid und es wäre leichter, diese zu erfüllen. Auch Umfragetools in eine Community zu integrieren, wäre eine Möglichkeit die Qualität insgesamt zu verbessern.

Vor allem potenziellen Datenbereitsellern fehlt es bislang in großen Teilen an Kenntnis darüber, zu welchem Zweck sie sich an einem solchen Datenportal beteiligen sollten und wie dies funktioniert. Nicht nur die Portalverantwortlichen, sondern beispielsweise auch Kommunen, die schon jetzt von den Vorteilen profitieren, könnten neue Datenbereitsteller überzeugen. Auch für die Nutzer der Daten entsteht hier der Vorteil, dass sie ständig darüber informiert werden, welche neuen Datensätze und Datenbereitsteller dazugewonnen werden konnten.

5.5.3.2 E-Commerce

Ein wichtiger Faktor im E-Commerce ist die Frage nach dem richtigen Design der Internetpräsenz. Die Auswahl der verwendeten Bilder auf der Startseite und ihre Anordnung und die verwendeten Farben haben erheblichen Einfluss auf den Nutzer und seine Akzeptanz. Meistens ist schon der erste Eindruck entscheidend. Durch das sogenannten „Funneling" wird durch die Größe und Anordnung der Bilder auf der Startseite der Blick des Kunden gezielt geführt. Die Bilder bilden dabei eine Art Trichter, der sich nach unten hin verjüngt. In dem unteren Bereich werden dann meisten aktuelle Angebote des Shops angezeigt. Dadurch kann der Onlineshop seine Kunden indirekt beeinflussen und steuern.

Entscheidend für den Erfolg im E-Commerce ist die Auffindbarkeit von Informationen. Insbesondere bei Online-Shops spielen die Gliederung und Suchmöglichkeiten von Informationen eine entscheidende Rolle. Diese sollten den Anforderungen der Kunden bestmöglich entsprechen. So bieten Online-Shops beispielsweise die Suche nach Zielgruppe, Preis, Alter, Farbe oder Anlass.

Ein Aspekt, mit dem insbesondere eine große Plattformen wie Amazon punkten kann, ist die Vollständigkeit des Sortiments. Amazon wirbt damit, in manchen Bereichen, wie zum Beispiel Büchern, ein komplettes Sortiment anbieten zu können oder dass ein Produkt in allen verfügbaren Variationen und Farben erworben werden kann. Dies stellt für Amazon oder ähnliche Shops einen besonderen Mehrwert dar.

Ein wichtiger Aspekt im E-Commerce ist das Kundenfeedback. Dies stellt sowohl für das Unternehmen selbst, als auch für dessen Kunden ein wichtiges Instrument dar. Für Interessenten an einem Produkt stellt die Rezension anderer Kunden eine gute Entscheidungsgrundlage dar, weil auch Produktaspekte transparent werden, die nicht auf der Homepage beschrieben werden. Für das Unternehmen selbst besteht durch das Kundenfeedback die Möglichkeit, auf Unklarheiten oder Kritikpunkte zu reagieren und damit einer negativen Mund-zu-Mund-Propaganda vorzubeugen.

Hat sich der Kunde für ein Produkt entschieden, erhält er bei vielen Online-Shops entweder direkt oder im Nachgang per E-Mail Vorschläge für weitere für ihn interessante Produkte oder Erweiterungen zu dem von ihm gekauften Produkt. Zudem werden Kundenprofile gespeichert, die beim erneuten Besuch der Homepage oder der App Angebote anzeigt, die von Interesse sein könnten. Auf diese Weise können auch Interessenten, die ohne ein bestimmtes Kaufinteresse „stöbern" zu einer Kaufentscheidung bewegt werden.

Übertragung auf das GovData-Portal
Die angebotenen Datensätze auf dem GovData-Portal können mit Produkten auf E-Commerce-Plattformen verglichen werden. Durch die inhaltliche Differenzierbarkeit der einzelnen Datensätze bilden diese in ihrer Gesamtheit das Sortiment, aus dem sich der Nutzer das für ihn passende Produkt auswählen kann.

Zurzeit beschränkt sich die Sortierung der Suchergebnisse des GovData-Portals auf drei Möglichkeiten: Relevanz, Name und Änderung. Zu überlegen ist, ob weitere Sortierungsmöglichkeiten aufgenommen werden sollten, die den Bedürfnissen der Datennachfrager mehr entsprechen. Ebenso wäre, nach dem Vorbild der Kundenrezensionen im E-Commerce, eine Möglichkeit zur Bewertung der Datensätze zu überlegen. Daraus ließen sich im Anschluss auch Rankings der Datensätze bilden.

Wenn sich ein Nutzer für einen bestimmten Datensatz interessiert, existieren sicherlich im gesamten Portal weitere Datensätze, die den Suchkriterien des Nutzers entsprechen. Auf diese müsste ebenfalls seine Aufmerksamkeit gelenkt werden, indem die Datensätze als Empfehlung angezeigt werden. Auch Datensätze, die den Suchkriterien nur ähneln, könnten angezeigt werden. In diesem Kontext könnte auch auf Datensätze hingewiesen werden, für die sich andere Nutzer interessiert haben, nachdem sie den Datensatz runtergeladen haben, für den sich der Nutzer gerade interessiert.

Die Analogie mit Amazon zeigt, welchen Mehrwert es für die Nutzer hat, ein vollständiges Datenangebot über ein Portal abrufen zu können. Die Zentralisierung der öffentlichen Daten auf einem Tool ist daher ein großer Pluspunkt.

5.5.3.3 Modellbildung

Wie die vorangegangene Recherche zu den Kritikern und Befürwortern des GovData-Portals zeigte, mangelt es nicht an einer lebhaften Diskussion zur GovData-Plattform. Die Meinungsäußerungen sind bislang allerdings unübersichtlich im Netz verstreut. Es fällt folglich schwer, einen Eindruck über den aktuellen Stand und geplante Schritte zu erlangen. Mit einer offiziellen Community könnte es gelingen, möglichst viele Informationen zentral zu sammeln und gezielt zu verbreiten. Die Betreiber selbst könnten Probleme aufzeigen, geplante Entwicklungen beschreiben und Informationen über Erfolge kommunizieren. Mitglieder der Community wären in der Lage, auf einzelne Meldungen direkt Bezug zu nehmen, anstatt sich auf anderen Portalen darüber zu äußern. Die Akteure einer GovData-Community können wie in Abb. 5.5 dargestellt zusammengefasst werden.

5.5.3.4 Handlungsempfehlungen

Die aktuelle Öffentlichkeitsarbeit im Zusammenhang mit dem GovData-Portal hat gezeigt, dass bislang ein zu allgemeiner und zielgruppenunspezifischer Ansatz verfolgt wurde. Es konnte ein Zielkonflikt zwischen den Bereichen der Öffentlichkeitsarbeit für die kommunale Ebene, welche somit die Seite der Datenbereitsteller darstellt, und denen

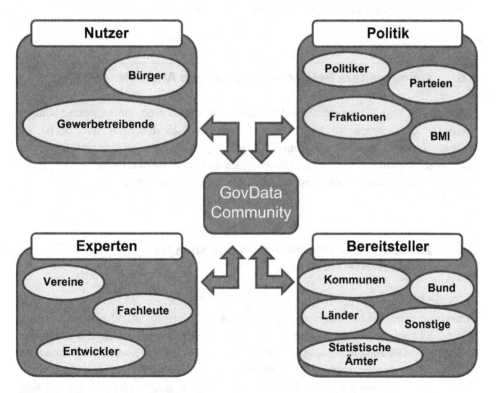

Abb. 5.5 Akteure in einer GovData-Community

für Datennutzer ausgearbeitet werden. Im Bereich der Datenbereitsteller ist es vorrangig von Nutzen, in Zukunft weitaus höhere Aufklärung zu leisten, um dem Aufbau von Ängsten und Barrieren vorzubeugen. Einer breiten Öffentlichkeit konnte das Thema GovData nach aktuellem Kenntnisstand bislang kaum zugänglich gemacht werden. Ein „Aufsplitten" der Öffentlichkeitsarbeit nach Zielgruppe ist daher sehr zu empfehlen [46].

Nach dem Vorbild des E-Commerce sollten Tools rund um die Evaluation sinnvoll Anwendung finden. So könnten Datenmaterial, Nutzer sowie der Datenbereitsteller bewertet werden, um eine Community aufzubauen.

Darüber hinaus sollte zukünftig angestrebt werden, das Umfeld, das Datenbereitsteller, Nutzer, Kritiker und weitere systemimmanente Gruppen umfasst, in die Entwicklung des Portals mit einzubeziehen. Konkrete Handlungsempfehlung ist, eine Bildung dieser Community rund um das Portal aufzubauen. Thematiken, die in besonderem Maße auf einen emotionalen, sozialen und ökonomischen Hintergrund rund um das GovData-Portal eingehen und Vorschläge geben, diesen aufzubauen, sollten noch einmal verdeutlicht werden.

Hintergrund
Die hier dargestellten Empfehlungen stellen nur einen sehr kleinen Teil der gesamten Empfehlungen der Studie zur Rezeption des GovData-Portals dar, da auch der Anteil der Case-based Evidence-Betrachtung am Gesamtvolumen der Studie relativ klein war.

5.6   Einige weitere Beispiele zu nützlichen Analogieschlüssen

Die bisher im Kap. 5 dargestellten Fallbeispiele waren doch recht umfangreiche Studien, bei denen das schrittweise Vorgehen der Case-based Evidence nachvollbar ist. Im Folgenden werden weitere Analogieschlüsse vorgestellt, die in diversen Diskursen verwendet wurden, um Aspekte und Sichtweisen zu komplettieren. Einige der folgenden Analogieschlüsse könnten Gegenstand künftiger Arbeiten sein und dort weitere Verwendung finden.

5.6.1   Zur spezifischen Kundenkommunikation für cloudbasierte Services

Im Anschluss an die in Abschn. 5.1 dargestellte Studie zur Akzeptanz von Cloud Computing wurde insbesondere die Frage nach der „richtigen" Kundenkommunikation gestellt. Es konnten aus der Studie eine Reihe von vertrauensbildenden und akzeptanzfördernden Maßnahmen herausgearbeitet werden, die in der Kundenkommunikation berücksichtigt werden sollten. Dennoch war klar, dass nicht alle Nachfrager von cloudbasierten Angeboten auf die gleiche Weise angesprochen werden können.

In besonderer Weise scheinen sich die Bedürfnisse von Privatpersonen, kleinen und mittelständischen Unternehmen (KMU) sowie Großunternehmen und Konzernen zu unterscheiden. Dies war der Anlass, spezifische Mechanismen der Kundenkommunikation nach Unternehmensgröße genauer anzusehen.

Hierzu wurden als Analogie drei Branchen ausgewählt, die zu den Anbietern von immateriellen Gütern zählen:

– Versicherungen
– Telekommunikation
– Banken

Es wurde analysiert, wie die jeweilige Kundenansprache über die Homepage gestaltet wird, insbesondere was als „typische" Kundenansprache für kleinere beziehungsweise für größere Unternehmen angesehen werden kann.

Versicherungen

Auf den Homepages der betrachteten Versicherungen[1] findet sich zunächst grundsätzlich eine Vorauswahl zwischen Privatkunden und Firmenkunden. Die Firmenkunden werden weiter nach Branchenzugehörigkeit unterschieden. Hier lassen sich einzelne, branchenspezifische Risiken absichern oder auch mehrere, auf das Risikoprofil einer Branche abgestimmte Bündel von Versicherungen abschließen. Die Höhe des Betrags bemisst sich in der Regel nach der Unternehmensgröße. Neben den Risiken bestimmter Branchen können auch Haftungsrisiken nach Funktionen im Unternehmen abgeschlossen werden. Es finden sich spezielle Angebote für Geschäftsführer, Vorstände und Aufsichtsräte.

Telekommunikation

Auf den Homepages der betrachten Telekommunikationsanbieter[2] wird wie auch bei den Versicherungen zunächst in Privatkunden und Geschäftskunden unterschieden. Innerhalb der Geschäftskunden wird bei der Telekom AG noch einmal in „Selbständige und kleine Unternehmen" und „mittlere und große Unternehmen" unterschieden. Die Angebote für Selbständige und kleine Unternehmen stellen verfügbare Varianten („S", „M", „L") mit einem genau definierten Leistungsspektrum zu festen Paketpreisen dar. Bei den Angeboten zu „mittleren und großen Unternehmen" werden individuelle Preise kalkuliert. Im Bereich Entstörung/SLA findet sich beispielsweise bei der Telekom AG der Hinweis „Preis auf Anfrage".

Die Vodafone GmbH setzt bei den Lösungen für Geschäftskunden auf das Vorstellen von Referenzkunden. Hier finden sich unter der Rubrik „Ready Business"

---

[1] http://www.zurich.de, http://www.gothaer.de/, http://www.arag.de/, https://www.allianz.de.

[2] https://www.telekom.de/, http://www.1und1.de/, https://www.vodafone.de.

Kunden-Lösungen für den Bereich Connectivity, Cloud & Hosting, Unified Communications, Security und M2M.

Banken

In der Kundenansprache der betrachteten Banken[3] wird neben einer Unterscheidung in Privat- und Geschäftskunden ebenfalls eine weitere Unterteilung der Geschäftskunden nach Größe oder Art des Unternehmens vorgenommen. So nehmen sowohl die Deutsche Bank, als auch die Commerzbank eine Einteilung in „Geschäftskunden/Freie Berufe" für kleinere Betriebe und „Firmenkunden" für größere Unternehmen vor. Bei der Auswahl der jeweiligen Rubrik werden zunächst Referenzkunden vorgestellt. Darüber hinaus werden die Bankprodukte und Beratungstools, die für den ausgewählten Unternehmenstyp zur Verfügung stehen, vorgestellt. Die Santander Bank stellt mit „BusinessStar" ein Angebot für Firmenkunden mit hohem Umsatz und Zahlungsverkehrsaufkommen in elektronischer Form zur Verfügung.

Übertragung auf die Kundenkommunikation von Cloud-Anbietern

Basierend auf den Erkenntnissen der drei Falluntersuchungen lassen sich grundsätzlich die in Abb. 5.6 gezeigten drei Typen von Kunden unterscheiden.

Diese Typeneinteilung lässt sich auch auf (prospektive) Nachfrager von Cloud-Angeboten übertragen: Je komplexer das Geschäft des Kunden und je höher der zu erwartende Umsatz mit diesem ist, desto mehr Aufwand muss in die Kundenkommunikation investiert werden. Auf der anderen Seite sollten für Privatkunden und Selbständige/ Kleinunternehmen ebenfalls gute und passende Angebote zur Verfügung stehen, eine individuelle Betreuung kann jedoch allein schon aus wirtschaftlichen Gründen nicht ratsam sein.

Um potenziellen Kunden ihren Nutzen vom Cloud-Angebot, insbesondere das „Business Improvement", darstellen zu können, müssen das Geschäft und die Herausforderungen der Kunden verstanden sein. Dies gelingt, wie die ausgewählten Analogien zeigen, sehr gut mit der Darstellung von branchen- und aufgabenspezifischen Lösungen. Sehr gut geeignet sind dabei positive Referenzen, in denen sich der Kunde wiedererkennt. Wichtig ist zudem die Vermittlung von genereller Seriosität im Firmenkundengeschäft. Die Darstellungen der Geschäftskunden-Angebote sind durchweg klar strukturiert und im Gegensatz zu Privatkundenangeboten deutlich weniger bunt und unruhig.

Insbesondere im Bereich der kleinen und mittleren Unternehmen spielen „vorkonfektionierte" Angeboten in Leistungsklassen eine wichtige Rolle. Dadurch wird die Auswahl für den Kunden erleichtert und die Preise für ihn gut kalkulierbar. Im KMU-Bereich könnte es empfehlenswert sein, weitgehend standardisierte Angebote (Public Cloud) zu forcieren, weil so die finanziellen Erwartungen der KMUs am besten zu erfüllen sind und dies auch für Anbieter wirtschaftlicher ist.

---

[3] https://www.deutsche-bank.de/, https://www.santanderbank.de/, https://www.commerzbank.de/.

Private Kunden	Gewerbliche Kunden	Großkunden
Betreuung über Internet oder Hotline	Betreuung über Ansprechpartner KMU nach Branchen	Individuelle Betreuung über Key Account Manager
Hochgradig standardisiertes Angebot	Standardisiertes Angebot nach Branchenzugehörigkeit ggf. mit Anpassungen	Individuelles Angebot bis hin zur „Vereinnahmung" des Anbieters
Preis spielt große Rolle	Preis spielt relativ große Rolle	Preis rückt in den Hintergrund

Abb. 5.6 Drei Typen von Kunden lassen sich unterscheiden

5.6.2 Zur Netzneutralität

Die Grundsätze der Netzneutralität sind seit 2012 im Telekommunikationsgesetz (TKG) gesetzlich verankert: Der § 41a TKG verlangt von den Netzbetreibern, dass sie sowohl den Zugang zu Inhalten und Anwendungen wie auch die Datenübermittlung diskriminierungsfrei gewährleisten.

Die Marktentwicklung geht in die Richtung, dass Telekommunikations-Unternehmen immer stärker Netzdienstleistungen mit der Bereitstellung von Inhalten verknüpfen. Demzufolge besteht ein Interessenskonflikt zwischen der grundsätzlichen Gleichbehandlung aller Beteiligten und die Möglichkeit, gegebenenfalls durch preisdifferenzierte, klassifizierte Zugänge Vorteile zu erlangen.

Um sich diesem Interessenkonflikt analytisch zu nähern, können Analogien zum Straßen-, Schienen- und Flugverkehr herangezogen werden:

Analogie zum öffentlichen Straßenverkehr
Die „freie Fahrt"

Es wird bereits seit vielen Jahren eine recht emotional geprägte Diskussion um eine generelle Geschwindigkeitsbegrenzung auf öffentlichen Straßen geführt. In den 1970er-Jahren erreichten die Unfallzahlen mit rund 19.000 Verkehrstoten (1970) in der damaligen Bundesrepublik einen Höchststand [47]. Als Reaktion darauf wurde vermehrt auf Tempolimits gesetzt. Aufgrund der Ölkrise wurde darüber hinaus der „Autofreie Sonntag" eingeführt. Diese Einschnitte gingen dem ADAC zu weit, der ankündigte, alles dafür tun zu wollen, das „unrealistische Kriechtempo" zu verhindern [48]. Der damalige ADAC-Präsident Franz Stadler prägte den Slogan *Freie Bürger fordern freie Fahrt* und löste damit eine kontroverse Diskussion um Umweltschutz, Sicherheit und Freiheit aus.

Heute wird noch genauso emotional über die Frage nach nötigen Tempolimits gestritten. Allerdings ist die „freie Fahrt" heute in Deutschland bereits vielfach ein unrealistisches Paradigma. Bei mindestens 40 Prozent der Autobahnkilometer in Deutschland ist die Geschwindigkeit dauerhaft oder zeitweise begrenzt. Hinzu kommen Geschwindigkeitsbegrenzungen auf Landstraßen [49]. Darüber hinaus ist allein durch das heutige Verkehrsaufkommen ein beliebig schnelles Fahren kaum mehr möglich.

Enorme Ressourcen-Inanspruchnahme durch Einzelne und soziale Gruppen
Einige Verkehrsteilnehmer brauchen spezielle Regeln. Wenn beispielsweise Großraum- oder Schwertransporte durchgeführt werden sollen, deren Abmessungen, Achslasten oder Gesamtgewichte die gesetzlich allgemein zulässigen Grenzen überschreiten oder deren Bauart dem Führer kein ausreichendes Sichtfeld lässt, müssen eine Erlaubnis eingeholt und die Transporte rechtzeitig angemeldet werden. Derartige Transporte werden nur zu bestimmten Zeiten genehmigt. Während der Ferien ist die Benutzung bestimmter Bundesautobahnen grundsätzlich ausgeschlossen [50].
Nicht nur bei Schwertransporten sind spezielle Regulierungen notwendig. Weitere Beispiele sind Radrennen, Gruppenfahrten auf Inlineskates, Faschingsumzüge, Kolonnenfahrten von Oldtimer-Traktoren oder Ähnliches. All diese Fahrten können nicht beliebig durchgeführt werden, da sie andere Verkehrsteilnehmer beeinträchtigen.

Besondere Fahrspuren für bestimmte Verkehrsteilnehmer
In den meisten Städten gibt es freizuhaltende Fahrspuren für Busse und gelegentlich auch für Taxis. Ohne diese Fahrspuren wäre das Einhalten eines Fahrplans bei Bussen – insbesondere zu Hauptverkehrszeiten – nicht möglich.
Vor allem aus Sicherheitsgründen erhalten auch Fahrradfahrer eine eigene Fahrspur. Dies stellt gerade in Städten und entlang von Landstraßen für alle Verkehrsteilnehmer – also sowohl für die Radfahrer selbst, als auch für die übrigen Verkehrsteilnehmer – eine Erhöhung der Sicherheit dar.

Regulierung wegen Notfällen
Einige Verkehrsteilnehmer brauchen spezielle Vorrechte. Ein Notarzt oder Polizeiwagen muss jederzeit auch bei dichtem Verkehr oder Stau durchgelassen werden. Ein Missbrauch dieses Vorrechtes muss jedoch verhindert oder gegebenenfalls bestraft werden.

Analogie zum Flug- und Schienenverkehr
Sowohl im Flugverkehr als auch im Schienenverkehr herrscht ebenfalls ein hohes Maß an Regulierung und Überwachung zur Vermeidung von Chaos. Alle Flüge und Züge sind genau getaktet und bewegen sich ausschließlich in der vorgesehenen Flugbahn oder Trasse. Eine Abweichung hätte katastrophale Folgen.
Eine weitere Parallele ist zwischen der Beförderung von Menschen im Flug und Schienenverkehr und der Beförderung von Daten zu sehen. Prinzipiell haben Bahn- und Flugpassagiere alle die gleichberechtigte Möglichkeit transportiert zu werden. Die Deutsche Bahn bietet den Fahrgästen jedoch die Möglichkeit – gegen Entgelt – erste Klasse zu reisen und so zum Beispiel ungestört während der Fahrt arbeiten zu können.

Ebenso verhält es sich mit Flugreisen und der Einteilung in Economy, Business und First Class.

Übertragung auf die Netzneutralität

Übertragen auf die Netzneutralität kann gesagt werden, dass das „Verkehrsaufkommen" auch im Internet deutlich zugenommen hat und nicht mehr beliebig viel Kapazität für den Einzelnen vorhanden ist. Diese Situation wird sich in den kommenden Jahren immer weiter zuspitzen, da immer mehr Dienste webbasiert sind. Die Telefonie verlagert sich mehr und mehr auf Internetleitungen; Filme und sogar das tägliche Fernsehprogramm werden vermehrt über das Internet abgerufen.

Das Schema der Bahn- und Flugklasse ließe sich auch auf die Internetnutzung übertragen. Es muss auch hier dauerhaft möglich sein, eine zuverlässige und hinreichend schnelle Internetanbindung zu erhalten. Selbstverständlich dürfen nicht einzelne Marktteilnehmer, wie beispielsweise Nicht-Telekom-Kunden, benachteiligt werden.

Literatur

1. Hofmann G R, Schumacher M (2013) Leitfaden Cloud Computing – Studie zur Akzeptanz. EuroCloud Deutschland_eco e. V. und EuroCloud Österreich, Köln, Wien.
2. Hofmann G R, Schumacher M (2014) Studie zur Akzeptanz von Cloud Computing – Neuauflage 2014. EuroCloud Deutschland_eco e. V., Köln.
3. Christ J, Heeb S et al. (2012): Die Akzeptanzfaktoren und vertrauensbildende Maßnahmen für Cloud Computing – Anhand einer fallbasierten Szenarienuntersuchung. Seminararbeit, Information Management Institut, Hochschule Aschaffenburg.
4. Bayram M, Döbert T et al. (2013): Akzeptanzfaktoren Cloud Computing – Phase II – Aspekte der Kundenkommunikation. Seminararbeit, Information Management Institut, Hochschule Aschaffenburg.
5. Agentur Zukunft (2014): 120 Millionen Alt-Mobiltelefone gehören nicht in die Schublade. Abrufbar unter http://www.agentur-zukunft.eu/2014/05/137-thema-handy-schrott/, abgerufen am 11.12.2015.
6. Yahia F (2012): Akzeptanzanalyse für das Recycling von IT-Endgeräten am Beispiel von gebrauchten Mobiltelefonen im Konsumentenbereich, Bachelorarbeit, Hochschule Aschaffenburg.
7. Umweltdatenbank (2012): Altöl. Abrufbar im Internet. URL: http://www.umweltdatenbank.de/lexikon/altoel.htm. (Stand: 29.Juni 2012)DPG Deutsche Pfandsystem GmbH (2015): Die Funktionsweise des Pfandsystems. Abrufbar online unter: http://www.dpg-pfandsystem.de/index.php/de/die-pfandpflicht-fuer-einweggetraenkeverpackungen/ruecknahmepflicht-und-pfanderstattung.html. Abgerufen am 02.12.2015.
8. Arbeitskreis Mehrweg GbR (2015): Mehrwegsystem – Funktionsweise. Online abrufbar unter: http://www.mehrweg.org/mehrwegsystem/funktionsweise/. Abgerufen am 02.12.2015.
9. Frankfurter Rundschau (28.03.2013): Grüne fordern Handypfand. Online abrufbar unter http://www.fr-online.de/wirtschaft/mobiltelefone-gruene-fordern-handypfand,1472780,22233564.html.

10. Die Welt (15.06.2012): Sachverständigenrat fordert 100 Euro Handy-Pfand. Online abrufbar unter: http://www.welt.de/wirtschaft/webwelt/article106600963/Sachverstaendigenrat-fordert-100-Euro-Handy-Pfand.html.

11. Focus-Online (2012): Pfand soll Umweltschutz verbessern – Ist jedes Handy bald 100 Euro wert? Abrufbar im Internet. URL: http://www.focus.de/digital/handy/pfand-soll-umweltschutz-verbessern-ist-jedes-handybald-100-euro-wert-_aid_767528.html. (Stand: 15.06.2012).

12. Deutscher Bundestag (2012): Bündnis 90/Die Grünen für zehn Euro Pfand auf Handys und Smartphones. Online abrufbar unter: http://www.bundestag.de/presse/hib/2012_03/2012_118/03.html. Abgerufen am 01.06.2012.

13. Süddeutsche Zeitung (17.09.2014): Recycling von Mobiltelefonen – Handy als Leergut. Online abrufbar unter: http://www.sueddeutsche.de/digital/recycling-von-mobiltelefonen-handy-als-leergut-1.2132167

14. BASE BLOG (2011): Was steckt in meinem Handy? – 1.000 Tonnen Handyschrott enthalten 350 kg Gold!. Abrufbar im Internet. URL: http://blog.base.de/was-steckt-in-meinem-handy-1-000-tonnen-handyschrott-enthalten-350-kg-gold/. (Stand: 17.Mai 2012).

15. Von Fürstenwerth F, Weiß A (2001): Versicherungsalphabet – Begriffserläuterungen der Versicherung aus Theorie und Praxis, 10., völlig neu bearbeitete und erweiterte Auflage, Verlag Versicherungswirtschaft, Karlsruhe.

16. Müller K R, Neidhöfer G (2008): IT für Manager – Mit geschäftszentrierter IT zu Innovation, Transparenz und Effizienz, Vieweg + Teubner Verlag/GWV Fachverlage GmbH, Wiesbaden.

17. BITKOM (2008): Leitfaden zum Sicheren Datenlöschen. Version 2.0. Online abrufbar unter: https://www.bitkom.org/Publikationen/2008/Leitfaden/Leitfaden-zum-Sicheren-Datenloeschen/080602_Sicheres_Datenloeschen_Version_2-0_vom_300508.pdf

18. Datenschutz PRAXIS (2012): Datenlöschung – Darauf müssen Sie beim Handy-Recycling achten. Online abrufbar unter: https://www.datenschutz-praxis.de/fachartikel/darauf-muessen-sie-beim-handy-recycling-achten/. Abgerufen am 27.06. 2012.

19. Forum für internationale Entwicklung und Planung (2013): Neue Pfade für alte Sachen. Online abrufbar unter: http://www.finep.org/files/neuepfadefueraltesachen.pdf. Abgerufen am 09.12.2015

20. Höft M (2011): Das Kilo für 1,20 Dollar – Das große Geschäft mit den Kleiderspenden aus Deutschland. Online abrufbar auf ZEIT online unter: http://www.zeit.de/2011/45/NDR-Reportage-Altkleider-Luege. Abgerufen am 09.12.2015.

21. Dachverband FairWertung e. V. (2012): Kleidersammlungen und FairWertung – Häufige Fragen. Online abrufbar unter: http://www.fairwertung.de/fix/doc/7_H%E4ufige%20Fragen_Logo%20neu.pdf. Abgerufen am 11.12.2015.

22. Spiegel Online (2008); Gebraucht-Handy: Schublade, Schredder oder Afrika. Online abrufbar unter: http://www.spiegel.de/netzwelt/mobil/gebraucht-handy-schublade-schredder-oder-afrika-a-532895.html. Abgerufen am 16.12.2015.

23. Jeppe A (2015): Akzeptanz der Elektromobilität im Bereich von Spezialfahrzeugen, Bachelorarbeit, Information Management Institut, Hochschule Aschaffenburg.

24. Manager Magazin (2015): Wie Tesla deutschen Autobauern zusetzt. Abrufbar unter: http://www.manager-magazin.de/unternehmen/autoindustrie/neuzulassungen-tesla-model-s-mischt-eu-oberklasse-auf-a-1042929.html.

25. Fraport AG (2015): Klimaschutz. Online abrufbar unter: http://www.fraport.de/de/nachhaltigkeit/umwelt/klimaschutz.html . Abgerufen am 02.09.2015.

26. Mantay, M. (2015): Interview mit Maik Mantay (Vice President New Business & Products – Electronic Systems & Drives (ES&D) / Connected Solutions der Linde Material Handling GmbH), geführt von Alexander Jeppe am 19.06.2015 in Aschaffenburg.

27. Reinhardt W (2015): Geschichte des Öffentlichen Personenverkehrs von den Anfängen bis 2014. Springer Vieweg, Köln.
28. Koch M (2014): Untersuchung zur Akzeptanz von Fahrerassistenzsystemen nach der Case-based-Evidence-Methode. Masterthesis, Information Management Institut, Hochschule Aschaffenburg.
29. Bosch (2014): Fahrerassistenzsysteme. Abrufbar unter: http://produkte.bosch-mobility-solutions.de/de/de/driving_comfort/driving_comfort_systems_for_passenger_cars_1/driver_assistance_systems_4/driver_assistance_systems_5.html, abgerufen am 06.06.2015.
30. ADAC (2014): Zahlen, Fakten, Wissen. Aktuelles aus dem Verkehr – Ausgabe 2014. Abrufbar unter: http://de.statista.com/statistik/studie/id/22041/dokument/zahlen-zum-strassenverkehr-2014/, abgerufen am 20.06.14.
31. Bayerisches Staatsministerium für Umwelt- und Verbraucherschutz (2015): Fahrerassistenzsysteme machen das Autofahren sicherer, entspannter und umweltfreundlicher. Online abrufbar unter: http://www.vis.bayern.de/produktsicherheit/produktgruppen/kraftfahrzeuge/fahrerassistenzsysteme_sicherheit_kfz.htm. Abgerufen am 07.12.2015.
32. KPMG (2014): KPMG's Global Automotive Executive Survey 2014 – Strategies for a fast-evolving market, http://www.osd.org.tr/yeni/wp-content/uploads/2014/01/KPMG-Global-2014.pdf, abgerufen am 08.06.15.
33. Autohaus (2014): DAT-Report 2014: Autokäufer stehen auf Komfort-Ausstattung. Abrufbar unter: http://www.autohaus.de/dat-report-2014-autokaeufer-stehen-auf-komfort-ausstattung-1333069.html, abgerufen am 08.06.2015.
34. DVR (2006): Fahrerassistenzsysteme – Innovation im Dienste der Sicherheit. Abrufbar unter: http://www.bester-beifahrer.de/fileadmin/redaktion/Downloads/170107_FAS_Doku_einzel.pdf, abgerufen am 27.06.2014.
35. Continental (2013): Mobilitätsstudie 2013. Abrufbar unter: http://www.continental-corporation.com/www/download/presseportal_com_de/allgemein/automatisiertes_fahren_de/ov_mobilitaetsstudie_2013/download_channel/praes_mobilitaetsstudie_de.pdf, abgerufen am 02.06.2014.
36. Vereinigung Cockpit (2014): Die Sicherheit des Luftverkehrs aus Sicht der Piloten. Abrufbar unter: http://www.vcockpit.de/themen/arbeitsgruppen/details/news/die-sicherheit-des-luftverkehrs-aus-der-sicht-der-piloten.html, abgerufen am 11.08.2014.
37. LBA (1995): Autopilot als Unfallursache. Abrufbar unter: http://www.bfu-web.de/DE/Publikationen/Flugunfallinformationen/Berichte/V132%20-%20Flugunfallinfo%20Autopilot.pdf?__blob=publicationFile, abgerufen am 11.08.2014.
38. Siemens (2012): Fact Sheet – Wie funktioniert eine fahrerlose U-Bahn? Abrufbar unter: http://www.siemens.com/press/pool/de/feature/2012/infrastructure-cities/mobility-logistics/2012-04-metro-paris/factsheet-wie-funktioniert-eine-fahrerlose-u-bahn-de.pdf, abgerufen am 28.08.2014.
39. Spiegel (2007): Personaleinsparung: Automatik-Züge machen Lokführer überflüssig. Abrufbar unter: http://www.spiegel.de/wirtschaft/personaleinsparung-automatik-zuege-machen-lokfuehrer-ueberfluessig-a-510362.html, abgerufen am 28.08.2014.
40. Mercedes Benz (2014): Betriebsanleitung Online S-Klasse. Abrufbar unter: http://www4.mercedes-benz.com/manual-cars/ba/cars/221/de/manual_base.shtml. Abgerufen am 07.10.2014.
41. Die Welt (2012): Porsche entschlackt die Bedienungsanleitung. Abrufbar unter: http://www.welt.de/motor/article109014822/Porsche-entschlackt-die-Bedienungsanleitung.html. Abgerufen am 07.10.2014.
42. Mobile.de (2015): Detailsuche: Pkw – neu oder gebraucht. Online abrufbar unter: http://suchen.mobile.de/fahrzeuge/auto?usage=NEW&usage=USED&usageType=PRE_

REGISTRATION&makeModelVariant1.makeId=&ambitCountry=&zipcode=&Beliebig& maxMileage=&maxPrice=. Abgerufen am 08.12.2015.

43. Autoscout24.de (2015): Detailsuche. Online abrufbar unter: http://ww3.autoscout24.de/ erweitert?atype=C&mmvco=0&cy=D&ustate=N%2CU&intcidm=HP-Searchmask-Extendedsearch#atype=C&cy=D&ustate=N%2CU. Abgerufen am 08.12.2015.

44. Süddeutsche (2013): Wie die Kfz-Versicherung den Beitrag ermittelt. Abrufbar unter: http:// www.sueddeutsche.de/auto/auto-versichern-wie-die-kfz-versicherung-den-beitrag-ermittelt-1. 1745608. Abgerufen am 14.10.2014.

45. Motorvision (2012): Autoversicherung: Keine Sicherheitsrabatte. Abrufbar unter: http://www. motorvision.de/news/kfz-versicherung-autoversicherung-sicherheitsrabatte-119427.html. Abgerufen am 14.10.2014.

46. Brenner T, Dudda J-H, et al.: „Studie zur Rezeption des Gov-Data Datenportals", Studentische Seminararbeit, Information Management Institut IMI (Prof. G. R. Hofmann), Hochschule Aschaffenburg, 2013.

47. Statistisches Bundesamt (2015): Polizeilich erfasste Unfälle. Abrufbar im Internet unter: https:// www.destatis.de/DE/ZahlenFakten/Wirtschaftsbereiche/TransportVerkehr/Verkehrsunfaelle/ Tabellen_/Strassenverkehrsunfaelle.html. Abgerufen am 23.08.2015.

48. ADAC (2015): Geschichte des ADAC, 1975. Abrufbar unter https://www.adac.de/wir-ueber-uns/daten_fakten/geschichte/default8.aspx. Abgerufen am 09.12.2015.

49. N24 (2013): Tempolimits in Europa – Ich geb' Gas, ich will Spaß. Online abrufbar unter: http:// www.n24.de/n24/Nachrichten/Politik/d/2819556/ich-geb--gas--ich-will-spass.html. Abgerufen am 09.12.2015

50. Verwaltungsservice Bayern (2015): Schwer- und Großraumtransporte; Erlaubnis. Abrufbar im Internet unter: https://www.verwaltungsservice.bayern.de/dokumente/leistung/54108049660. Abgerufen am 23.08.2015.

Weiterführende Literatur

Mittelstraß J (Hrsg.): Enzyklopädie Philosophie und Wissenschaftstheorie. Mannheim 1980 und 1984 (Bd. 1 u. 2), seit 1995 (Bd. 3) Stuttgart Metzler; Bd. 4 1996.

Horton G (2014): Die Analogietechnik – Ideenfindung durch Übertragung fremder Lösungen. Abrufbar unter: http://www.ideal.ovgu.de/ideal_media/Analogietechnik.pdf, abgerufen am 22.06.2015.

Bloch E: Gesamtausgabe. Band 10: Philosophische Aufsätze zur objektiven Phantasie. Suhrkamp Verlag, Frankfurt am Main 1969, DNB 572430116, S. 21–26.

Douglas R. Hofstadter (2008): Gödel, Escher, Bach – ein Endloses Geflochtenes Band. 18. Auflage. Klett-Cotta, Stuttgart (Originaltitel: Gödel, Escher, Bach. An Eternal Golden Braid), ISBN 978-3-6089-4442-6.